...QUE DE PROPAGANDE OCCULTISTE
...US LA DIRECTION DE L'ORDRE MARTINISTE

QU'EST-CE QUE L'OCCULTISME ?

PSYCHOLOGIE — MÉTAPHYSIQUE

LOGIQUE — MORALE — THÉODICÉE — SOCIOLOGIE

PRATIQUES, TRADITIONS ET BIBLIOGRAPHIE

DE

L'OCCULTISME

PAR

PAPUS

*Directeur de l'École Supérieure Libre des Sciences Hermétiques
Officier de l'Instruction Publique*

PRIX : 1 FRANC

PARIS
CHAMUEL, ÉDITEUR
5, RUE DE SAVOIE, 5
—
1901

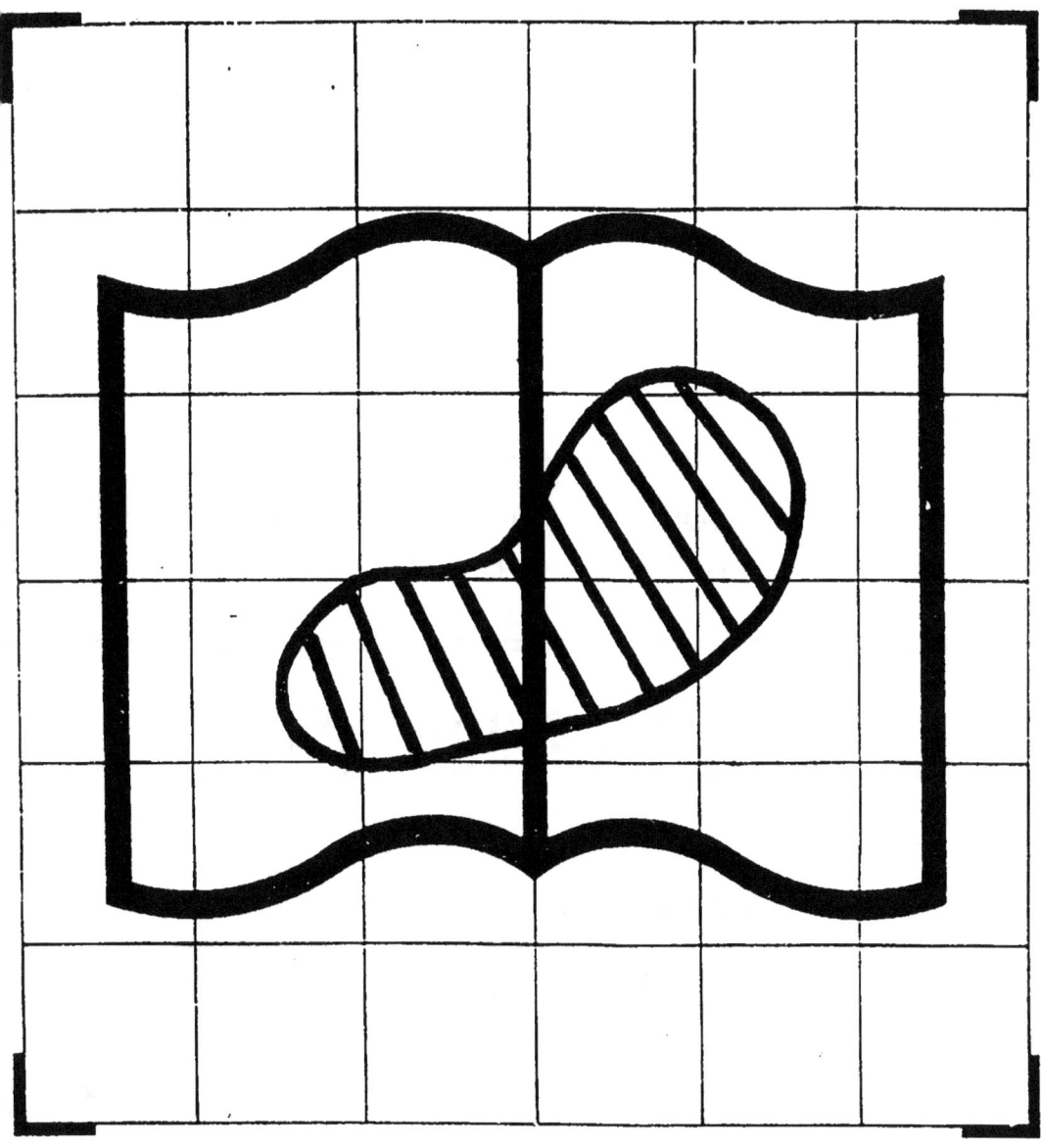

L'INITIATION

Revue Philosophique des Hautes Études

Publiée sous la direction de

PAPUS I. ☉ O. ✠

14ᵉ ANNÉE — MENSUELLE — 100 PAGES — 60 RÉDACTEURS

ABONNEMENTS

Un an (France), 10 fr. — Union postale, 12 fr.
Le numéro, 1 fr.

Rédaction : 87, boulevard Montmorency, PARIS (16ᵉ)

Envoi d'un numéro spécimen sur demande affranchie adressée à l'Administration, 4, rue de Savoie, Paris

---

LA THÉRAPEUTIQUE INTÉGRALE

REVUE MENSUELLE

CONSACRÉE A L'ÉTUDE DE LA

MÉDECINE HERMÉTIQUE

Publiée sous la Direction du Dʳ Gérard ENCAUSSE

ABONNEMENTS

France, 2 francs par an. — Étranger, 3 francs

Administration, 4, rue de Savoie, 4, Paris

QU'EST-CE QUE L'OCCULTISME?

ÉTUDE PHILOSOPHIQUE ET CRITIQUE

PAR

PAPUS

PARIS
CHAMUEL, ÉDITEUR
5, RUE DE SAVOIE, 5
—
1900

QU'EST-CE QUE L'OCCULTISME ?[1]

OCCULTISME. — Ensemble des théories, des pratiques et des Voies de réalisation dérivées de la Science occulte

L'Occultisme se présente à travers les âges, comme un tout bien distinct, ayant ses théories, ses méthodes, et jusqu'à ses procédés de diffusion et d'enseignement personnels. De là la difficulté de bien connaître cette doctrine pour ceux qui n'ont pas pénétré dans les centres où elle est enseignée et les erreurs nombreuses commises par les critiques qui l'ont jugée sans la connaître.

Avant d'exposer l'Occultisme dans ses détails, établissons rapidement ce qui le différencie des autres systèmes philosophiques. La théorie est renfermée dans les diverses sections de la Science occulte que nous sommes obligés de définir dès maintenant pour éviter les confusions avec les Arts divinatoires qu'on nomme parfois « sciences occultes ».

1° Alors que la Science, telle qu'elle est conçue par les savants contemporains, étudie surtout les phénomènes physiques et la partie abordable et visible de la Nature et de l'Homme, la Science occulte, grâce à sa méthode préférée : l'Analogie, s'efforce en partant des faits physiques, de s'élever jusqu'à l'étude de la partie invisible, *occulte* de la Nature et de l'Homme : de là sa première caractéristique de « Science du caché », *Scientia occultati*.

2° Alors que la Science contemporaine diffuse, par des

[1] Cette étude a été écrite sous forme d'article d'encyclopédie sur la demande de plusieurs de nos lecteurs.

journaux, des expériences publiques, ses découvertes et ses pratiques, la Science occulte divise ses recherches en deux catégories : A. Une partie qui peut être publiée pour aider à la progression de l'humanité. B. Une partie qui doit être réservée à une sélection d'hommes : de là le second caractère de cette Science cachée : *Scientia occulta*.

3° Enfin, alors que des épreuves intellectuelles sont seules exigées des candidats aux Facultés et aux grandes Écoles scientifiques contemporaines, les centres d'enseignement occultistes exigent, en plus, des épreuves morales diverses, et ne confient leur enseignement qu'à des hommes éprouvés et capables de ne jamais employer pour le mal les connaissances qu'ils ont pu acquérir. Aussi tous les livres et toutes les publications se rapportant à des sujets réservés sont-ils écrits d'après une méthode symbolique spéciale, ce qui nous montre encore la Science occulte sous le nouvel aspect de *Scientia occultans*.

Telle est la base théorique sur laquelle s'appuie l'occultisme, tant ancien que contemporain ; nous n'avons aucun jugement à porter sur ces divers points, devant nous renfermer dans l'exposition d'un sujet trop ami de l'obscurité pour ne pas exiger toute notre attention.

L'Occultisme est donc bien le représentant d'une sorte de Société scientifique spéciale, distincte des Universités, et, comme il a toujours existé des hommes préférant ses méthodes à celles de la Science courante, comme il possède une littérature particulière et affecte un souverain mépris pour les méthodes exclusivement matérielles d'investigation, comme, enfin, il existe encore de nos jours et dans presque tous les pays, des fraternités occultistes d'initiation, il nous semble indispensable d'analyser ce système : 1. Au point de vue philosophique ; 2. Au point de vue historique ; 3. Au point de vue de ses voies spéciales de diffusion et de réalisation dans les diverses époques. De plus, nous aurons à faire une distinction nécessaire entre la partie théorique et la partie pratique ou expérimentale, généralement connue sous le nom de « Magie ».

THÉORIE

L'Occultisme au point de vue philosophique

L'Occultisme étant un système philosophique complet doit être étudié dans ses enseignements concernant : la Psychologie, la Métaphysique, la Logique, la Morale, l'Esthétique, la Théodicée, la Sociologie et diverses autres applications théoriques, que nous analyserons successivement et dans cet ordre, avant de nous occuper de l'histoire.

Au point de vue psychologique, le premier et le plus important problème qui se présente est celui des rapports du principe spirituel avec le principe matériel ou des moyens d'union de l'âme avec le corps. Ceci nous amène à la définition de la constitution de l'homme telle que la comprennent les occultistes, et sur laquelle ils n'ont jamais varié leurs enseignements à aucune époque, si bien que les Egyptiens de la 15e Dynastie décrivaient les propriétés et les caractères du « Ka » ou Double lumineux exactement comme Paracelse décrit ce « corps astral » au XVIe siècle de notre ère et comme Eliphas Levi étudie le « Double fluidique » en 1863. Pour les occultistes l'Homme est constitué par *trois* principes, tonalisés en une *unité* générale. Ces principes sont : 1. Le corps physique, considéré seulement comme le produit et le support des autres éléments ;

2. Le Corps astral, doublement polarisé, et qui unit l'inférieur, physique, au supérieur, spirituel ; 3. L'Esprit immortel. De ces éléments divers, un seul est particulier aux occultistes: c'est le second ou corps astral, les deux autres étant étudiés avec soin, le premier par les anatomistes et les physiologistes, le troisième par les psychologues et les philosophes. Cette constitution de l'homme en trois Principes est si caractéristique de l'occultisme traditionnel qu'elle suffit à déterminer ses représentants à toute époque, et qu'elle permet de distinguer, dans l'occultisme même, les écoles réellement traditionnelles des démarquages ou des compilations maladroites faites à diverses époques sous le couvert de l'occulte. Concernant l'être humain, l'enseignement pourra se résumer en ces propositions :

1. L'Homme est constitué par trois Principes, synthétisés en une Unité, ou doctrine de la Tri-Unité.

2. L'Homme est analogue (mais non semblable) à L'Univers, ou doctrine du Microcosme ou Petit Monde (L'Homme) et du Macrocosme ou Grand Monde (L'univers).

3. Il y a correspondance stricte entre chaque élément de l'Homme et son analogue dans l'Univers. C'est la doctrine des correspondances sur laquelle est basée la Magie et dont nous reparlerons à propos de la pratique.

Dans tout cela, ce qui nous intéresse pour le moment c'est le corps astral, ce Médiateur plastique que les philosophes classiques ont condamné sans prendre la peine souvent de l'étudier attentivement, et qui reparaît à toute époque sous des noms quelquefois différents : mais avec des caractères identiques dans les œuvres des occultistes. Bien connaître le corps astral c'est posséder la plus importante des clefs de la doctrine qui nous occupe : arrêtons-nous donc un instant sur les raisons données par les occultistes à l'appui de leurs affirmations. Le maniement de l'analogie permet de faire usage de comparaisons, non pas pour démontrer, mais pour éclairer une question.

Commençons donc par établir une comparaison destinée à projeter quelque lumière sur le sujet.

L'Homme est comparé à un équipage dont la voiture représente le corps physique, le Cheval, le Corps astral, et le Cocher, l'Esprit. Cette image, permet de bien saisir le rôle de chaque Principe. La voiture est inerte par elle-même et répond bien au corps physique, tel que le conçoit l'occultiste. Le cocher commande à la direction par les rênes, sans participer à la traction directe, c'est là le rôle de l'Esprit. Enfin le Cheval; uni par les brancards à la voiture et par les rênes au Cocher, meut tout le système, sans s'occuper de la direction.

Cette image, nous indique bien le caractère du corps astral ; véritable cheval de l'organisme, qui meut et ne dirige pas. Il nous reste à voir si cette comparaison répond à une entité réelle et s'il existe réellement en nous un Principe moteur, distinct du Principe directeur. C'est à la Physiologie et à l'anatomie que se sont adressés les occultistes contemporains pour prouver les affirmations de leurs ancêtres à ce sujet.

Il existe en nous un système nerveux de la vie organique, placé sous la coupe presque exclusive du Nerf Grand Sympathique et agissant sur des organes à constitution spéciale (organes à fibres lisses). Ce système meut tout dans l'organisme, depuis la plus fine des artères, jusqu'à l'intestin pendant le sommeil. A l'état de veille les muscles à fibres striées viennent ajouter à cette action celle du Cerveau, siège de l'Esprit, et ainsi le Cocher de l'organisme vient démontrer que son rôle est bien distinct de celui du cheval que représente le Grand-Sympathique servi par ses plexus et ses multiples nerfs vasomoteurs. Dès que nous dormons, les fonctions cérébrales cessent et, seul, le système de la vie organique poursuit son action : il digère les aliments, fabriquant le chyle et la lymphe, il fait circuler le sang et distribue partout la Force et la Matière, il fait même plus, car c'est lui qui préside à la défense de l'Organisme en jetant les leucocytes au point attaqué et en refermant les petites plaies faites par une imprudence ou un accident. Or le voilà bien ce principe que Paracelse appelait « L'Ouvrier caché » et son domaine est bien séparé de celui de l'Esprit qui a autre chose à faire que de présider aux douceurs de la chylification et de l'excrétion. Tels sont les enseignements des occultistes concernant les relations du corps astral avec le corps physique, voyons ce qu'ils disent pour expliquer ses relations avec l'Esprit.

Le corps astral, étant la ménagère dans l'être humain, préside à l'élaboration de toutes les forces organiques. Parmi celles-ci une nous intéresse au point de vue des actions cérébrales : c'est la force nerveuse. La force qui circule dans les nerfs a été étudiée au point de vue de sa vitesse et a été nettement différenciée de l'électricité et des autres forces physiques. Comme toutes les fabrications organiques, elle est tirée du sang, comme le prouvent les troubles cérébraux causés soit par l'anémie, soit par l'hyperhémie, et ici encore, le corps astral préside à cette élaboration. La force nerveuse agit vis-à-vis de l'Esprit comme l'électricité agit vis-à-vis du télégraphiste, le cerveau matériel représentant le télégraphe. Les occultistes, réfutent les arguments des matérialistes en affirmant que ces derniers ont confondu le télégraphiste et la force nerveuse, ou l'Esprit, avec son seul moyen de communication avec l'organisme. Enlevez l'électricité au télégraphiste et ce dernier semblera ne pas exister pour son correspondant, car il sera incapable d'envoyer la moindre dépêche. C'est ainsi que dans le sommeil normal ou provoqué, dans les maladies graves, dans l'évanouissement, il y a déplacement de la force nerveuse ou cessation de la production habituelle, et, faute de son indispensable moyen d'action, l'Esprit est aussi incapable de manifester sa présence que l'Employé d'envoyer une dépêche sans électricité. Nous avons choisi des exemples pris dans les sciences contemporaines pour exposer les doctrines de l'occultisme d'une manière claire et en évitant le rappel d'une foule de vieux termes techniques qui n'auraient fait qu'embrouiller notre exposé. On voit maintenant que ce médiateur plastique est autre chose qu'une pure conception philosophique, et que cette idée semble correspondre à une réalité physiologique. Poursuivons notre analyse du corps astral. C'est maintenant que nous allons faire appel aux quelques expérimentateurs qui, dans ces dernières années, ont voulu se rendre compte d'une manière positive des possibilités de contrôle que présentaient ces antiques et toujours identiques enseignements.

Les occultistes prétendent, en effet, que le système nerveux de la Vie organique n'est que le support temporaire du Principe constituant le Médiateur plastique, et que ce Principe est lumineux, quand il est vu indépendamment des organes matériels, ce qui revient à dire que ce Principe peut rayonner autour du corps, dans lequel il est normalement renfermé. Cette « sortie du corps astral », suivant l'expression technique, peut être incomplète c'est-à-dire partielle ou totale. Dans le premier cas, on assiste à certains phénomènes étudiés par les Magnétiseurs et les Spirites et dont nous reparlerons à propos de la Pratique, dans le second cas le dédoublement de l'individu peut être constaté à distance par plusieurs témoins, c'est le cas de plusieurs Saints du christianisme, et c'est ainsi que les occultistes expliquent la plupart des faits dits « télépathiques » et les phénomènes spirites de matérialisations dans la majorité des expériences sérieuses et non dues à la fraude.

Plusieurs chercheurs contemporains ont voulu vérifier ces affirmations expérimentalement et en enregistrant les phénomènes produits sur des plaques photographiques ou au moyen d'appareils purement mécaniques, pour éviter les hallucinations.

Les recherches de ce genre ont été résumées dans les deux ouvrages de l'un des expérimentateurs, M. A. de Rochas. Une première série d'essais a porté sur l'extériorisation de la sensibilité, et les résultats ont été très nets, confirmant les théories occultistes sur le rayonnement du corps astral. La seconde série, exécutée en grande partie au moyen d'un sujet spécial : Eusapia Paladino, et en présence de chercheurs nombreux et impartiaux, a porté sur l'étude des mouvements d'objets à distance et sans contact et a confirmé encore l'étroite relation de la force nerveuse du médium et des effets produits sous le nom « d'extériorisation de la Motricité ». Ces essais sont trop récents et n'ont pas encore été contrôlés par assez d'expérimentateurs pour prendre rang dans la Science classique, pas plus que les recherches de M. le Dr Baraduc et de MM. Luys et David ou de M. Narkievitz Iodko sur l'enregistrement photographique des effluves, combattu du reste par le Dr Guebhard. Il y a simplement là une tendance à confirmer les théories occultistes par les procédés de la Science contemporaine et par des expérimentateurs nullement occultistes, qui méritait d'être signalée à cette place.

Ce corps astral a donc les différents rôles suivants, d'après l'occultisme : 1. Il unit, par une double polarisation, le corps physique à l'Esprit. 2. Il est l'ouvrier caché accomplissant les fonctions de la Vie végétative et conservant au corps matériel, qu'il entretient et répare incessament, sa forme, malgré la mort continuelle des cellules physiques, et son harmonie fonctionnelle malgré la maladie et les imprudences. 3. Enfin, il peut rayonner autour de l'individu, formant une sorte d'atmosphère invisible appelée «Aura astral» et il peut même s'extérioriser totalement. C'est grâce à ces diverses propriétés du corps astral que les occultistes rendent compte des visions et des actions à distance, des pressentiments, de l'Extase prophétique, des songes, de la Folie, et des autres phénomènes classés par les philosophes dans la Psychologie spéciale et dans le chapitre des coïncidences ou des hallucinations.

Nous ne pouvons pas quitter la Psychologie sans dire un mot des doctrines de l'Occultisme sur le principe féminin, dans les divers plans et surtout dans le plan humain. Le féminin, pour l'occultiste, est le complémentaire nécessaire de tout principe actif. La Femme n'est donc ni supérieure, ni inférieure à l'Homme, elle est complémentaire, psychologiquement aussi bien qu'anatomiquement. La Femme est la matérialisation, dans l'Humanité, de la faculté plastique universelle, symbolisée par la Colombe. Elle développe et parfait les formes que crée l'Homme : c'est pourquoi elle doit développer ses facultés animiques, alors que l'Homme doit insister sur le développement de ses facultés intellectuelles. Chercher à démontrer que la femme est inférieure ou supérieure à l'homme, c'est chercher si le pôle zinc est supérieur, parce qu'il est actif, au pôle charbon, qui reste passif dans la pile. Ils sont indispensables tous les deux à la production du courant et, s'ils sortent de leur rôle respectif, le courant ne passe plus. Cette double polarité existe, non seulement dans les sexes différents : mais encore dans chaque individu Le cœur est toujours complémentaire du cerveau, et, par suite, il est positif chez la femme et négatif chez l'homme. Par cœur, il faut entendre les sentiments et les facultés animiques, que les occultistes localisent dans le Plexus cardiaque, comme point d'origine, le cerveau ne servant, dans ce cas, que de centre de renvoi. Car la Tri-Unité étant une loi absolument générale, chacun des trois centres organiques de l'homme : le Ventre, la Poitrine, et la Tête, a ses fonctions anatomiques, physiologiques et psychologiques bien personnelles. Les sensations sont localisées dans le plexus solaire et constituent, avec le renflement inférieur de la Moelle, le centre de localisation psychologique de l'abdomen. Le plexus cardiaque forme avec le renflement thoracique de la moelle, le centre de localisation des sentiments et enfin, les plexus sympathiques de la tête constituent le centre de l'intellectualité animale qui forme notre inconscient inférieur.

Ces trois centres psychologiques inférieurs, que Platon a décrits et dont on a fait trois âmes, sont dominés et ramenés à l'unité de la Conscience par l'Esprit immortel, chargé de réfréner et de diriger les impulsions sensuelles, passionnelles ou intellectuelles qui l'assaillent des divers centres organiques. C'est de l'action plus ou moins intense de la Raison et de la Volonté sur ces diverses impulsions que naît la force plus ou moins grande du libre arbitre en chacun de nous et la responsabilité personnelle.

L'Homme, étant le Microcosme, renferme, analogiquement, en lui, toutes les psychologies des règnes inférieurs, représentés par ses trois segments : le ventre correspondant au règne végétal et la Tête au règne animal. Réciproquement, chaque animal n'est que la matérialisation d'une impulsion psychologique qui se retrouvera dans l'homme. Le Tigre, le Bœuf, la Fourmi, l'Abeille, le Porc ne sont que des symboles vivants, chacun, d'une faculté de l'homme organique et l'emploi de ces correspondances donne la clef, non seulement des rites magiques, mais encore de toute l'esthétique dérivée des enseignements de la tradition occultiste. Les âmes des animaux sont le résultat d'une évolution et elles évolueront encore jusqu'à ce qu'elles aient atteint la partie animale de l'homme, tandis que l'Esprit immortel est le résultat d'une descente, d'une «involution» comme disent les occultistes. C'est en référence de cet enseignement qu'un ancien dit : «Les âmes des animaux viennent du feu terrestre (figure symbolique du courant évolutif) tandis que les âmes humaines viennent du ciel.»

Nous nous sommes étendus à dessein sur la psychologie et nous allons aborder plus rapidement les autres sections de la philosophie occulte.

Si la psychologie nous offrait, dans le problème de l'union de l'âme et du corps, l'occasion de préciser les théories bien spéciales de l'occultisme à ce sujet, *la Métaphysique* va nous montrer encore de personnelles applications de la Philosophie occulte à la solution du plus important des problèmes de la Métaphysique, le passage de l'Etre à la Réalité ou du Subjectif à l'Objectif. Quand les occultistes ont affirmé que la solution de exclusif dans aucun de ces plans autant que l'adoption exclusive de chacun de ces systèmes métaphysiques. Il vise à la conciliation de la Thèse, de l'Antithèse et de la Synthèse dans une union étroite et universelle qu'il nomme « La Mathèse ».

Idéalisant le Matérialisme et matérialisant le Mysticisme, l'Occultisme se défend absolument d'être un système panthéiste et, s'il fallait le classer, nous devrions créer une case nouvelle et le cataloguer comme un idéalisme synthétique ou intégral.

Dans l'antiquité, chaque science, même celle des nombres, avait une section physique et une section métaphysique. Plus tard, la section physique fut, seule, l'objet de recherches suivies de la part des écoles classiques et cela aboutit aux merveilleuses conquêtes de la science expérimentale, dédaignant de plus en plus les digressions métaphysiques. Ce fut là le domaine abandonné à l'occultisme et il a toujours conservé l'étude de chaque science si bien qu'à l'heure actuelle, ses adeptes prétendent que l'Alchimie renferme seule la métaphysique de la Chimie actuelle, de même que l'Astrologie pourra, seule, donner une philosophie de l'Astronomie et la Magie une clef des Causes réelles des forces dont la Physique constate les effets les plus matériels. Aussi un occultiste, initié à une école initiatique quelconque, regarde-t-il comme un vulgaire profane, celui qui dit que l'Alchimie, l'Astrologie et la Magie n'ont été que la première et plus primitive forme de la Chimie, de l'Astronomie et de la Physique.

Le cadre de notre exposé ne nous permet pas de nous étendre sur la Métaphysique de chaque science, et nous sommes obligés de faire choix seulement d'un petit nombre d'applications. En Histoire Naturelle, l'occultisme donne des théories très intéressantes sur l'évolution et l'organisation des espèces et des individus. Pour l'occultiste, en effet, c'est le corps astral qui fabrique le corps physique, dans l'utérus de la mère (pour les espèces supérieures) ou dans l'œuf, suivant les cas.. L'évolution d'un type au type immédiatement supérieur, a donc lieu seulement dans le plan astral, le moule du corps d'un chien, par exemple, devient, après les souffrances d'une incarnation terrestre (ou physique sur une planète quelconque) le moule ou corps astral d'un futur corps de singe. Telle est la raison qui a empêché jusqu'ici les expérimentateurs de constater sur terre le passage direct d'une espèce à l'autre quoique ce passage soit évident, pour l'anatomiste comme pour celui qui observe l'évolution de l'embryon. C'est le courant descendant ou involutif qui vient régler la spirale de l'évolution dans tous les plans de l'univers.

Si l'occultisme se présente à nous avec un caractère si personnel dans ces deux premières acceptions philosophiques, il en sera de même pour la troisième : *la Logique*. Ici encore, l'occultisme va montrer son originalité par l'emploi d'une méthode qui lui est presque exclusivement personnelle : l'Analogie, qui vient appuyer la déduction et l'induction dans tous les ouvrages occultistes. La grande difficulté, pour l'emploi de cette méthode est de ne pas confondre l'analogie avec la similitude et de ne pas croire que deux choses analogues sont forcément semblables : ainsi le cerveau et le cœur sont analogues en occultisme et ils sont loin d'être semblables. Cela tient à la doctrine des correspondances dont nous avons déjà dit un mot. Ce sont les choses placées dans une même colonne de correspondance qui sont analogues et le caractère de l'analogie est déterminé par le sens général de la colonne tout entière.

	COLONNE DU MONDE INFÉRIEUR	COLONNE DU MONDE MOYEN	COLONNE DU MONDE SUPÉRIEUR	COLONNE DU MONDE SYNTHÉTIQUE
FACE	*Inférieur dans le Synthétique* Bouche (et goût)	*Moyen dans le synthétique* Nez (et odorat)	*Supérieur dans le Synthétique* Yeux (sensitifs, vue) Oreilles (ouïe)	CENTRE DU MONDE SYNTHÉTIQUE Le Visage Toucher
TÊTE	*Inférieur dans le Supérieur* Vaisseaux et Ganglions lymphatiques de la tête	*Moyen dans le Supérieur* Carotides et artères cérébrales	CENTRE DU MONDE SUPÉRIEUR Cerveau et annexes	*Synthétique dans le Supérieur* Front Muscles moteurs des yeux Membres céphaliques ou maxillaires supérieurs Larynx (Cheveux et barbe)
THORAX	*Inférieur dans le Moyen* Canal thoracique vaisseaux lymphatiques	CENTRE DU MONDE MOYEN Cœur poumons	*Supérieur dans le Moyen* Plexus cardiaque	*Synthétique dans le Moyen* Membres thoraciques N. pneumogastrique Seins
ABDOMEN	CENTRE DU MONDE INFÉRIEUR Estomac Intestins, Foie Rate (et annexes)	*Moyen dans l'Inférieur* Aorte abdominale Reins	*Supérieur dans l'Inférieur* Plexus solaire	*Synthétique dans l'Inférieur* — Membres abdominaux N. pneumogastrique Organes génitaux

Ainsi d'après l'anatomie philosophique de Malfatti de Montereggio, l'estomac, le cœur, et le cerveau jouent le rôle d'embryons respectivement à chacun des trois centres : abdominal, thoracique, céphalique, dans lesquels ils sont contenus. Ces organes sont donc analogues entre eux d'après cette fonction. Mais on peut aussi établir leur analogie d'après d'autres éléments d'appréciation. Si nous considérons en effet ces trois organes au point de vue de leur fonction générale, nous constaterons que le premier reçoit directement du monde extérieur des aliments, le second, de l'air atmosphérique, et le troisième des sensations. Il y a donc analogie au point de vue de la réception directe d'un apport extérieur, et cette analogie des trois éléments d'apport : les aliments, l'air et les sensations également entre eux, car l'analogie des deux choses entre elles détermine l'analogie de toutes les constituantes de ces deux choses. On voit l'élasticité considérable de cette méthode qui, sous son apparente simplicité, est très difficile à manier avec sagacité et précision. Aussi nous semble-t-il indispensable, étant donnée l'importance exceptionnelle de l'analogie en occultisme, d'établir en un tableau, un exemple d'emploi de cette méthode appliquée à l'anatomie et à la physiologie élémentaires, pour ne pas sortir de nos premiers exemples.

L'Analogie est la méthode théorique que les occultistes réservent à leurs recherches concernant le plan physique et le Monde des lois.

Elle ne permet d'avoir que des lumières de seconde main sur le monde des Principes et sur les Causes premières. Pour pénétrer dans ce Plan, les occultistes avancés dans la pratique, possèdent une méthode de vision directe dans le Monde invisible, jadis cultivée avec soin dans les écoles de prophètes, puis utilisée par les extatiques et les mystiques et conservée seulement, de nos jours, par quelques rares adeptes des sociétés chinoises, des fraternités brahmaniques ou par des envoyés des plans supérieurs. Ici encore, l'occultisme qui nous était apparu presque comme un simple système philosophique, échappe brusquement à la Méthode générale pour faire appel aux mystérieuses pratiques auxquelles il doit son nom et aussi beaucoup des ridicules calomnies répandues sur son compte par les ignorants et les sectaires. Cette seconde méthode a été presque exclusivement utilisée pour les recherches concernant l'âme et ses transformations après la Mort, ainsi que les êtres spirituels qui peuplent les divers plans invisibles de l'Univers. Apollonius de Thyane, Jacob Bœhm, Swedenborg sont, avec Claude de Saint-Martin et son Maître de Pasqually, les plus connus des philosophes ayant employé cette méthode; ce qui les a fait classer parmi les mystiques.

Nous reparlerons de ce sujet à propos de la Pratique.

L'union de l'analogie et de la vision directe a donné naissance à l'emploi des Nombres et des Symboles, tel que le pratiquent les occultistes. En effet, pour éviter les erreurs auxquelles pouvait prêter l'emploi hors de propos de l'analogie, la Kabbale (Voy. *Cabale*) est venue donner un précieux instrument de contrôle dans les Nombres et leur conception symbolique. Chaque nombre répond, en effet, à une idée et à un hiéroglyphe caractéristiques, si bien que les lois des combinaisons des Nombres vérifient la combinaison des Symboles et des idées (Voy. *Tarot*). On trouvera, dans les ouvrages des Pythagoriciens, qui se sont particulièrement voués à ce genre d'applications, d'intéressants renseignements à ce sujet. Plutarque en a résumé quelques-uns dans son *Traité d'Isis et d'Osiris*. C'est par ce traité que nous avons notion des nombres triangulaires et losangiques admis par les occultistes au même titre que les nombres carrés et cubiques. Il en est de même des opérations arithmétiques courantes, auxquelles les occultistes ajoutent :

1. L'addition théosophique qui consiste, étant donné un nombre quelconque de 1 à 9, à additionner tous les nombres, depuis l'Unité jusqu'au nombre considéré. Soit, par exemple, le nombre 5, pour avoir son addition théosophique, on additionnera 1, 2, 3, 4 et 5, c'est-à-dire tous les nombres de 1 au nombre considéré 5. Cela donnera 15. Le nombre 4 donnerait, par le même procédé, 10.

2. La Réduction théosophique qui consiste à réduire les nombres composés de deux ou plusieurs chiffres, en nombre d'un seul chiffre, par l'addition successive de tous les chiffres constituant le nombre, jusqu'à ce qu'il ne reste qu'un seul chiffre. Exemple : le nombre 25 se réduit à $2+5=7$, le nombre 34,224 se réduit successivement de la façon suivante : $3+4+2+2+4=15-15=1+5=6$ donc $34224=6$ en ultime réduction

Claude de Saint-Martin, dans son livre sur les Nombres, appelle *racine essentielle* le résultat de l'addition théosophique, et il en fait le complément des racines carrées des racines cubiques. Pour terminer ce rapide aperçu sur les Nombres, il nous reste à rappeler le sens des plus couramment utilisés, au point de vue symbolique, par les occultistes.

1 — Le Principe positif. 2 — Le Principe négatif. 3 — Le Premier terme équilibré, résultant de l'action des deux principes précédents. 4 — La première forme matérielle. 5 — Action du Principe actif (1) sur la forme (4), la Vie. 6 — L'équilibre des forces, les deux courants involutif et évolutif de la Nature, figurés hiéroglyphi-

quement par le sceau de Salomon. (Deux triangles entrelacés et à sommets opposés). — Action de la force équilibrante (3), sur la forme (4), premier terme parfait. 8 — Equilibre des formes, Justice. 9 — Triple ternaire, Symbole des trois plans matériels. 10 — Action du Principe actif sur le Néant (o). Première création complète, image et modèle de toutes les autres.

Nous arrêterons ici ces exemples qui pourraient être considérablement développés. Chaque nombre a, en effet, au moins trois sens avec des adaptations diverses aux divers plans. Les Kabbalistes ont spécialement travaillé cette question. (Voy. aussi *Tarot*).

La *Morale*, telle que l'entendent les occultistes, est des plus rigoureuses et des plus élevées. Elle est basée pour la plupart des écoles, sur la soumission à toutes les charges imposées, soit par la condition sociale, soit par les épreuves dont l'acceptation est d'autant plus indispensable qu'elles sont la conséquence des fautes antérieures. L'occultisme enseigne, en effet, que l'esprit se réincarne successivement dans plusieurs corps physiques, et que nous payons dans l'existence suivante les fautes non réparées d'une vie précédente. Entre chaque incarnation l'âme se rend compte de toutes les existences antérieures et de leur conséquence au point de vue de son évolution. Au début de chaque descente sur le plan physique, par contre, l'Esprit perd le souvenir du passé, ce qui est nécessaire pour éviter les suicides qui deviendraient presque inévitables pour qui aurait conscience des fautes qu'il vient expier. Cette doctrine constituait, bien plus que celle de l'Unité divine un des plus redoutables mystères des anciennes initiations, et elle était enseignée sous le voile de la Fable. L'eau du fleuve Léthé que buvait l'âme en sortant des lieux inférieurs (Infera) est un rappel de ce mystère. La possession du Pouvoir ou des richesses est considérée, par l'occultiste, comme une des plus dangereuses et une des plus difficiles épreuves qui puissent assaillir l'homme. Si le puissant ou le riche, oubliant qu'il n'est qu'un simple dépositaire de la force vitale de la Société se fait centre et dispose exclusivement pour lui et pour les siens de ce qui lui a été confié, alors la punition sera d'autant plus terrible. Quand un jeune étudiant, tout ému des apparentes iniquités du Destin venait protester auprès du Maître contre le malheur persistant qui accablait tel ou tel homme, alors le Maître évoquait, pour un instant, les images inscrites jadis dans la lumière secrète entourant l'individu, et l'étudiant, reconnaissant l'homme actuellement malheureux dans ce riche de jadis qui ne secourait quelques pauvres que par vanité, comprenait et bénissait son Maître. Les enseignements moraux et l'occultisme ont toujours été presque exclusivement pratiques, et on écarte les élèves du suicide, non pas en leur faisant des tirades philosophiques sur le néant de cet acte, mais bien en les mettant face à face dans le plan astral avec l'esprit d'un suicidé, et en leur montrant les affres indescriptibles de la dissolution du malheureux. Il en est de même de la mort dont toutes les phases sont étudiées expérimentalement. Aussi l'occultiste, initié autrement que dans les livres, affecte-t-il un souverain mépris pour ce phénomène du passage d'un plan à un autre qu'il a vu réaliser ou, s'il est assez avancé, qu'il a réalisé lui-même, plusieurs fois expérimentalement. Une morale basée sur de telles pratiques est forcément très puissante, surtout quand les recherches personnelles ont amené le postulant à vérifier le caractère exact et la vérité de la plus grande partie des traditions religieuses et surtout des traditions chrétiennes. Il est curieux de constater que les

Rose-Croix illuminés, se sont toujours montrés comme des apologistes ardents du Christianisme, tout en étant d'une grande sévérité pour le clergé qu'ils accusent d'avoir livré le Christ à César, en participant au partage de la puissance temporelle et de l'or. Aussi l'Église a-t-elle, à toute époque, fait les plus grands efforts pour enrayer le mouvement occultiste, qui fait des hommes de telle foi et de telle indépendance de caractère, qu'elle ne veut voir en eux que des suppôts de l'enfer. On peut résumer les règles de la Morale occultiste en quelques propositions, dont on trouvera le développement dans les œuvres d'Eliphas Lévi : L'occultiste doit savoir s'abstenir, souffrir, prier, mourir et pardonner. Encore une fois, ce qui nous intéresse, dans cette morale, ce ne sont pas tant ces règles que nous retrouverons plus ou moins chez tous les Moralistes, que la voie pratique de démonstration par la vision directe. Cette voie exige des Maîtres dignes de ce nom et ceux-là fuient le bruit et la renommée et ne sont connus que de quelques-uns. Ceux que le public prend pour les chefs sont, généralement, ceux qui ont été délégués aux œuvres de propagande : ce sont les réalisateurs, les hommes d'action, les bras des organismes initiatiques. Certains ont cru ou voulu faire croire qu'il n'existait de tels maîtres qu'en Orient, c'est là une erreur. Nos renseignements nous permettent d'affirmer qu'il existe, non pas à Paris, mais en quelques villes de France des Maîtres aux différents degrés, qui vivent loin du bruit et de la publicité, et qui sont ignorés, sous leur véritable caractère, même de leurs plus proches voisins.

L'ESTHETIQUE est, peut-être, la partie de la Philosophie dans laquelle l'influence de l'Occultisme a été la plus considérable. Le Symbolisme est en effet, une des sections les plus développées de l'occulte et il a guidé, non seulement les sculpteurs et les peintres initiés à la tradition secrète, mais encore les poètes et les historiens, depuis la plus haute antiquité jusqu'au 16⁰ siècle de notre ère. Signalons en passant ce trait bien caractéristique des historiens instruits d'après la méthode occultiste, ils ne s'arrêtent jamais à l'histoire des individus et ne s'intéressent qu'à l'histoire des Principes qu'incarnent les dits individus. C'était la méthode exclusive des anciens, reprise par les prophètes, ils écrivaient le développement de la Science initiatique de tous les temps, sous le nom d'Hermès. Quand les écrivains modernes ont voulu appliquer leurs procédés individualistes actuels à cette Symbolique historique, ils ont été surpris en constatant qu'Hermès aurait été l'auteur de 20,000 volumes, ce qui est beaucoup pour un homme seul, mais ce qui est très normal pour l'Université centrale de l'Egypte (dont Hermès est le nom collectif). Il en est de même pour Zoroastre ou pour Bouddha, qui désignent des Principes, incarnés dans une série d'hommes, et non de simples individus. Quand les contemporains se sont aperçus de leur erreur, disent les occultistes ils en ont commis une autre en niant toute existence personnelle aux individus qui avaient manifesté le même Principe à diverses époques, et en attribuant à des collectivités d'hommes du même temps les œuvres d'Homère ou celles de Moïse. La vérité, pour l'occultiste est entre ces deux théories extrêmes et c'était un point utile à rappeler en passant. L'Iliade, l'Enéide, l'Age d'Or, La Divine Comédie, sont des histoires écrites d'après les clefs de l'occultisme et décrivant les mystères de l'Initiation physique ou astrale.

Toutes les cathédrales gothiques sont aussi des symboles de pierre, des paroles de granit, ainsi que tous les

Temples anciens et modernes de l'Inde et de la Chine.

Pour ne pas nous étendre plus que de raison sur ce point spécial, donnons un exemple bien net de l'application de l'occulte à l'esthétique et cela aidera à comprendre le reste. Nous choisirons le symbole du Sphinx. Le Sphinx, d'après la tradition occulte, était placé à faible distance des Pyramides et servait d'entrée secrète, grâce à une porte située entre ses pattes. Si nous analysons ce symbole au point de vue de sa forme, nous constaterons que le sphinx, tel qu'il est venu de Chaldée se composait des éléments suivants :

Une tête humaine, des ailes d'aigle, des griffes de lion, des flancs de taureau. Que signifie donc ce curieux symbole ? Pour que le sens n'en fût jamais perdu, une histoire symbolique, celle d'Œdipe, commentait l'image de pierre. Cette histoire disait que le héros avait deviné l'énigme du Sphinx et que le mot de cette énigme était : l'homme. Tous ces signes qui semblent empruntés à l'animalité : bœuf, lion, aigle, sont, en réalité, des caractéristiques de l'homme et les analogiques hermétiques vont éclairer la question.

Le bœuf est le symbole du tempérament lymphatique et de la force matérielle qui est en chacun de nous. C'est la clef de la psychlogie abdominale ou des instincts, dont la formule est : Se Taire.

Le lion est le symbole du tempérament sanguin et de la force animique, du courage et de la colère. C'est la clef de la psychologie thoracique ou des passions et des sentiments, dont la formule est : Oser.

L'Aigle est le symbole du tempérament Nerveux et de la force intellectuelle irréfléchie, de l'enthousiasme et de l'imagination sans frein. C'est la clef de la psychologie cérébrale inférieure, de la science des livres, dont la formule, cependant élevée, est : Savoir.

La tête humaine est le symbole du tempérament bilieux et de la volonté réfléchie, de la raison, qui domine et qui arrête les impulsions instinctives du bœuf, animiques du lion, enthousiastes de l'Aigle, et qui ramène le tout à l'unité de la conscience éclairée par l'esprit. La formule de cette psychologie, non plus seulement intellectuelle, mais surtout spirituelle, est : Vouloir, dans le sens de vouloir en aimant, comme l'indique l'Espagnol : Querer.

Les éléments composant le Sphinx, ramenés, d'après les clefs analogiques, de la forme à l'idée correspondante, se résumaient en une formule de conduite intellectuelle et morale : *Savoir, oser, vouloir, se taire*, qui a guidé les initiés de toutes les écoles depuis la plus haute antiquité. Le Sphinx, porte de l'initiation, est le verbe pétrifié de la science occulte et de sa tradition mystérieuse. Et comme les lois du symbolisme sont universelles, ouvrez les Évangiles et vous remarquerez, en tête de chacun d'eux et comme symbole de chaque évangéliste, une des quatre formes du Sphinx. Voilà pourquoi il y a une kabbale chrétienne, avec l'Apocalypse comme symbolique spéciale. Ainsi, toutes les manifestations esthétiques utilisées par l'antiquité, étaient immédiatement traduisibles en idées, et, cela, grâce à la symbolique de l'occultisme.

Nous pourrions multiplier les exemples de ces applitions aujourd'hui peu connues et qui, cependant, ont servi de modèle aux associations de constructeurs qui ont édifié la plupart des cathédrales Gothiques. Tous les arts ont reçu la vie sous l'influence de l'occultisme et, depuis que cette influence a été négligée, la voie de l'inspiration aux sources vives a été coupée en grande partie, affirment les adeptes de la Science occulte.

Avec la **THÉODICÉE**, nous allons aborder le côté vraiment mystique des théories occultes. Les problèmes du Mal, de son origine et de sa fin, de la chute et de la réintégration de l'âme humaine, de la distinction des attributs divins et des rapports de Dieu et de la Nature, ont été, en effet, l'objet presque exclusif des recherches des grands mystiques de l'école occultiste dont les plus connus sont : Jacob Bœhm, Martines de Pasqually, Claude de Saint-Martin (le Philosophe inconnu), et, dans la transcription des idées de Moïse à ce sujet, Fabre d'Olivet. Ce sont les idées de ces maîtres que nous allons résumer de notre mieux dans cette section.

Pour le problème du Mal, il peut se résumer en ces quelques lignes : L'origine du Mal doit être cherchée dans l'Être humain et non ailleurs. Hoené Wronski, dans son « Messianisme » donne les plus grands détails sur ce point, la cause du Mal est la Chute et la fin du Mal sera la réintégration de l'Homme en Dieu, sans que le premier perde rien de sa personnalité. Tels sont les points que nous allons nous efforcer de développer.

Pour les occultistes, Adam ne représente pas un homme individuel, mais bien l'ensemble de tous les hommes et de toutes les femmes ultérieurement différenciés. Cet Homme universel occupait tout l'espace intra ou mieux inter-zodiacal, sur lequel il régnait en souverain. Cela se passait après la chute et la punition de l'ange rebelle, devenu le principe animateur de la matière, qui n'existait pas encore, en tant que réalisation, et n'était qu'en germe comme le fruit dans la graine ou l'enfant dans l'œuf maternel. L'imagination d'Adam, que Moïse nomme *Aïsha*, incitée par l'Ange rebelle, présenta à l'Esprit de l'Homme universel un raisonnement qui a provoqué presque toujours toutes les chûtes, non seulement universelles, mais même individuelles, à toutes époques. D'après ce raisonnement ce qui résiste et ce qu'on voit immédiatement et matériellement, est plus puissant que ce qui est idéal, invisible et perceptible seulement par l'Esprit. Adam, séduit par cette idée de son imagination, se figura qu'en fournissant au Principe de la Matière le moyen de passer de l'état de germe à l'état de réalité, il unirait la puissance spirituelle de Dieu à la puissance matérielle, encore inconnue dans ses conséquences, et qu'il serait ainsi le Maître de son créateur. Cette idée une fois conçue, fut mise à exécution par la Volonté libre d'Adam et il vint donner à la matière, par son alliance avec elle, ce principe d'existence qui lui manquait. Aussitôt il fut enveloppé, dans tous ses organes spirituels, par cette matière qu'il croyait pouvoir diriger à son gré, et le Principe d'égoïsme, de révolte et de haine qui constituait l'essence matérielle, s'efforça de faire descendre jusqu'à lui toutes les hautes aspirations d'Adam. La Bible, traduite exotériquement, dit, à ce propos, que l'être adamique fut couvert d'une peau de bête, allégorie symbolique de l'histoire réelle de la chute. C'est donc par l'exercice de sa libre Volonté que la matérialisation de l'homme universel fut accomplie, et, sur ce point, tous les mystiques sont unanimes. Dieu n'avait à intervenir que pour atténuer les conséquences de cette catastrophe qui avait matérialisé, en même temps qu'Adam, toute la Nature qui constituait son domaine et qui devait participer à sa réhabilitation. Pour atténuer l'acte de sa créature, le Créateur utilisant le Temps et l'Espace qui étaient corollaires du plan physique, créa la *Différenciation* de l'Être collectif : chaque cellule d'Adam devint un être humain individuel et Aïsha devint le Principe de la vie universelle et de la forme plastique : *Ève*,

L'Homme dut, dès lors, épurer les principes inférieurs qu'il avait ajoutés à sa nature, par la souffrance, la résignation aux épreuves et l'abandon de sa Volonté entre les mains de son Créateur. Les réincarnations furent le principal instrument de salut et, comme tous les hommes sont les cellules d'un même Etre, le salut individuel ne sera total que lorsque le salut collectif sera accompli. Pour aider à ce salut, le Verbe divin vint participer à l'incarnation et à ses conséquences et dompter la Mort physique et ses terreurs sur son propre domaine. On voit que les occultistes, dans leurs conceptions mystiques, sont essentiellement Chrétiens et les Théosophes, comme Jacob Bœhm et Claude de Saint-Martin, sont caractéristiques à ce point de vue.

L'Homme doit donc travailler non seulement à son propre salut, à sa réintégration, comme dit Martines, mais encore à la réintégration des autres êtres créés. Pour parvenir à ce but, les Mystiques ont formé des associations dont plusieurs subsistent encore de nos jours.

Cette histoire de la chute et de la réintégration, sur laquelle nous nous sommes un peu étendu, parce qu'elle est caractéristique et permet d'aborder la lecture de toute une littérature généralement inaccessible, est permanente et se recommence, dans ses lignes générales, pour chaque âme humaine. L'incarnation dans le corps physique représente, en effet, la première chute et la résistance ou la soumission de l'âme incarnée aux attractions passionnelles du plan physique, détruira ou constituera la seconde chute.

Sur les autres points de la Théodicée, l'occultisme se rattache, en général, aux doctrines kabbalistiques. Ainsi, la constitution de Dieu en Trois Personnes : Père, Fils, et Saint-Esprit a été l'objet de développements importants de la part de Guillaume Postel et des kabbalistes chrétiens, dont Pistorius a réuni les œuvres. Les preuves de l'existence de Dieu dérivent, pour l'occultiste un peu avancé, de la vision directe du plan invisible, et, pour le débutant, de l'adhésion absolue à la parole du Maître, aussi une telle discussion semble-t-elle oiseuse aux initiés. Dieu est conçu comme absolument Personnel et distinct de la création, dans laquelle il est présent, comme l'Esprit de l'Homme est présent dans son corps: sans rien perdre de son Unité.

De même, Dieu est en nous et c'est là et non dans une région située au-dessus des nuages, qu'il faut d'abord le chercher et le trouver.

Les émanations divines partout en action dans la Nature, déterminent trois plans fondamentaux d'action: Le plan d'Emanation, le plan de Formation, et le plan de Matérialisation. Il suffit de connaître les Trois Mondes de la Kabbale, pour se rendre compte de toutes ces divisions.

SOCIOLOGIE. — Nous ne saurions terminer l'exposé philosophique de l'occultisme sans parler de la Sociologie qui, toujours, fut l'objet d'études suivies dans ces Temples qui envoyaient des législateurs tels que Lycurgue, Solon, Pythagore, Numa, etc., etc.

De toute antiquité, la société fut considérée par les occultistes, comme un organisme vivant. Un écrivain contemporain qui s'est voué spécialement à cette question : F.-Ch. Barlet, a même déterminé strictement cette loi, en montrant que la société est un être vivant ayant le pouvoir de créer et de modifier ses organes les plus essentiels.

La société vraiment morale, pour l'occultiste, est donc celle qui se rapproche le plus de la constitution trinitaire de tout organisme supérieur et qui comprend une tête, un thorax, et un abdomen sociaux.

L'économie politique est la représentation de l'abdomen social, les forces juridiques et militaires représentent la double polarisation thoracique, et les Universités et les religions, la partie intellectuelle de la société. Un état moderne, organisé d'après cette conception, nommée SYNARCHIE par Saint-Yves d'Alveydre, aurait trois chambres : une chambre économique, déléguée par les syndicats, une chambre juridique, une chambre Universitaire et religieuse. Le suffrage est strictement professionnel, chacun votant selon sa situation sociale dans un des trois plans. Cette organisation a le mérite de ne pas être une conception purement théorique puisqu'elle a fonctionné plusieurs siècles et que, seule, elle a duré plus que toutes les formes ultérieures réunies. Saint-Yves d'Alveydre a consacré à cette démonstration une immense érudition et un très réel talent dans ses « Missions » (Voy. Bibliographie, à la fin de l'article).

Nous avons terminé l'exposé de cette théorie, si touffue qu'elle demanderait un cadre encore plus considérable, et nous allons maintenant aborder la partie de l'application ou la *pratique* de ces diverses théories.

LA PRATIQUE DE L'OCCULTISME OU LA MAGIE

De même que l'occultiste exige de ses élèves des aptitudes morales en outre des connaissances intellectuelles, il astreint aussi ses disciples à un entraînement particulier, portant sur le régime alimentaire et sur la respiration, et destiné à assurer le contrôle de la volonté sur l'organisme, dans tous ses plans. C'est seulement après cet entraînement préliminaire que l'occultiste prend conscience des forces latentes renfermées dans la nature et dans l'homme et non encore découvertes par la science ordinaire, bien que celle-ci s'en approche chaque jour davantage, et il peut comprendre tout ce qui se cache de vérités ou d'erreurs sous ce terme de magie. Avant donc d'aborder les diverses magies : humaine, naturelle, infernale, divine, nous allons nous occuper de cet entraînement et de ses résultats.

Le produit le plus élevé généré par l'organisme humain, dans sa partie purement machinale, est la force nerveuse et toute l'activité du débutant va être consacrée à obtenir cette force nerveuse aussi pure et aussi délicate que possible, puis à concentrer cette force, ainsi épurée, aussi vite qu'il pourra le faire sur un point bien limité de l'organisme, du cerveau, ou même de l'extérieur, car cette force peut être projetée à distance. Or la production de la force nerveuse est directement liée au régime alimentaire et son épuration à la pureté même de ce régime, appuyé par des exercices de respiration appropriés.

Le régime le plus propre à agir efficacement sur la force nerveuse est celui dans lequel entrent le moins de substances animales et, à ce propos, le régime Pythagoricien est le plus favorable. Mais ce régime, de même que le jeûne de beaucoup de religions modernes, n'était pratiqué que pendant un certain temps : 40 jours au maximum, dans toute sa rigueur. Ensuite, l'étudiant revenait au régime mixte atténué ou restait exclusivement végétarien, suivant son tempérament ou ses goûts ou suivant la contrée qu'il habitait.

Le principal était d'éviter l'introduction dans l'organisme de ce que Descartes appelait « les Esprits animaux ». Aussi tous les animaux devant servir à la nourriture des prêtres étaient-ils abattus d'après un rite spécial, et non assassinés, comme de nos jours. Les excitants étaient absolument proscrits, et, seuls l'encens, la myrrhe, et quelque plantes agissant directement sur l'esprit, étaient utilisés.

Les exercices respiratoires avaient pour but d'augmenter ou de diminuer à volonté la quantité d'acide carbonique du sang, et, cela, en retardant ou en activant l'expiration. Plusieurs sectes bouddhistes et quelques fraternités de l'Islam pratiquent encore les exercices respiratoires. Par cet entraînement, l'étudiant entrait plus intimement en rapport avec la nature invisible, le monde des rêves s'ouvrait d'abord à lui, puis la vision directe et l'intuition se développaient progressivement et les premiers pas s'affermissaient dans la voie des mystères. Abordons maintenant les diverses Magies.

La Magie humaine, ou du microcosme, renferme toutes les actions directes des êtres humains les uns sur les autres et surtout l'action de l'homme entraîné sur l'homme non entraîné. Sa clef est l'utilisation du corps astral (Voy la théorie) et sa direction consciente, ce qui la différencie immédiatement de la médiumnité.

C'est là que l'entraînement progressif par le régime et la respiration joue un rôle capital. La pratique à atteindre consiste en effet, à obtenir la sortie consciente et progressive du « double astral » hors du corps physique. Ce dédoublement, cette extériorisation, comme diraient les expérimentateurs modernes, forme une des applications les plus intéressantes pour la galerie, mais les moins réellement utilisées, des véritables pratiques de la haute science. Les débutants et les ignorants seuls peuvent croire que le dédoublement est autre chose qu'une pratique de gymnastique psychique. Ce dédoublement de l'être humain, connu de toute antiquité, commence à se présenter aux expérimentateurs contemporains, déguisé encore sous les faits de Télépathie, de Médiumnité spirite, et d'Hypnose profonde. Tous ces faits sont liés à la sortie, non pas consciente, mais bien inconsciente du corps astral, et cette dernière s'obtient bien plus facilement que la première. Dans ce genre d'expériences, le sujet est endormi, soit par un assistant, soit sous une autre influence quelconque, et il produit, à distance des déplacements d'objets sans contact et dans de bonnes conditions de contrôle. L'occultisme affirme qu'il ne s'agit pas là d'actions d'esprits (ce que prétendent la plupart des spirites) mais seulement d'une action à distance du corps astral du médium. Les expériences de contrôle poursuivies par M. de Rochas et d'autres en France et en Angleterre sont venues confirmer en tous points les affirmations traditionnelles de l'occultisme en montrant qu'il existait une relation étroite entre les mouvements de muscles du médium et les actions produites à distance et sans fraude.

Une autre série de phénomènes, dus à la sortie du corps astral, sont les faits de vision à distance, obtenus consciemment par Saint Antoine de Padoue, par Swedenborg, et antérieurement encore, par Apollonius de Thyane et inconsciemment par quelques bons sujets des magnétiseurs du commencement du siècle. C'est par ce procédé de vision directe que sont contrôlées les affirmations des diverses révélations religieuses concernant l'état et les transformations de l'Esprit après la mort physique. Dans ce cas, les occultistes, apportant d'autres éléments de démonstration que les raisonnements philosophiques, il nous sera utile de nous arrêter quelque peu sur ce point.

L'ESPRIT après la mort physique, d'après les révélations de la vision directe.

Des trois éléments dont se compose l'homme incarné,

le premier, le cadavre, retourne à la terre ou à une autre modalité quelconque du plan physique, qui en a prêté les éléments pour une existence à l'esprit; — le second, le corps astral, se décompose en deux parties, l'une inférieure qui se répand dans la vie universelle et aide à décomposer, au besoin, le cadavre; l'autre, supérieure, devient ce que Pythagore appelait « Le char de l'Ame » et enveloppe l'Esprit dans son évolution astrale; — le troisième, l'Esprit est seul destiné à subsister avec l'intégralité de sa conscience, et c'est celui là qui demande, en somme, l'intérêt le plus soutenu. La théorie occultiste, à son sujet, n'a pas changé depuis l'antique Egypte et c'est encore l'histoire du « Voyage de l'Ame » du livre des morts, mais comprise dans sa véritable symbolique, que nous contera l'occultiste du 18ᵉ siècle de notre ère et même celui du 10ᵉ, tous appelant la Vision directe à l'appui de leurs dires. Reprenons donc en détail le départ de l'Esprit et commençons au moment de l'agonie. A cet instant, le lien entre le corps physique et l'Esprit vient d'être coupé, comme dans l'évanouissement, et le corps astral tend à se diviser en deux parties: une inférieure qui restera dans le plan physique, et une supérieure, qui évoluera jusqu'au plan astral supérieur. Cette lutte se manifeste à l'extérieur, dans les cas normaux, par l'agonie. La somme d'astral qui accompagnera l'Esprit dépend justement des aspirations élevées de l'être humain pendant son incarnation, et au moment du départ l'Esprit cherche à tirer de son côté le plus possible d'astralité. Il est aidé dans cette tâche par les « Ancêtres » terme sous lequel on renferme tous les êtres invisibles qui viennent assister l'âme à son départ; car la mort terrestre est la naissance astrale et réciproquement. Les ancêtres sont là-bas pour recevoir l'âme qui leur revient, comme les parents sont ici pour recevoir l'enfant qui naît à la terre. Avant d'aller plus loin, rappelons que nous employons l'expression de *plans* pour bien indiquer qu'il ne s'agit pas d'endroits déterminés, car le Temps et l'Espace disparaissent dès le plan astral et tout y est, à la fois, dans le même plan. Revenons à l'Esprit. L'agonie vient de se terminer, chaque cellule physique, jusque là tonalisée par l'action prépondérante du corps astral, reprend son autonomie, la décomposition du cadavre commence et chacun des petits êtres cellulaires qui le constituait se dirige vers ses affinités spéciales. De son côté, l'Esprit traverse une période de trouble, pendant laquelle la conscience cherche avec peine à se passer des organes physiques disparus. Cet état de trouble dure plus ou moins longtemps, selon l'aide prêtée et de ce côté et de l'autre à l'Esprit, pour son évolution. Enfin, il sort de son cauchemar, et s'aperçoit qu'il est plus réellement vivant que sur terre, mais que de nouveaux organes, signes de facultés aussi nouvelles, sont nés et que la communication physique avec le plan matériel devient rapidement de plus en plus difficile, seuls, les sentiments, servant de liens entre les deux plans. Mais l'Esprit se rend compte qu'il n'est pas encore dans son véritable centre et il va tendre de son mieux vers la seconde mort, la mort au plan astral, qui accélèrera son évolution. Celle-ci dépend de l'élévation morale de l'esprit et celui-ci doit soutenir de véritables luttes avec les êtres du plan astral qui veulent lui arracher son astralité inférieure. Progressivement le dépouillement se fait, le Corps glorieux vient atome à atome, remplacer le corps astral supérieur, et l'évolution vers le plan divin se poursuit. Toute cette route est sillonnée de jugements, d'épreuves et d'interrogatoires divers que Valentin a fort bien résumés dans sa « Pistis Sophia » (Traduite par Amelineau).

Nous rentrons alors dans le cycle du Livre des Morts et nous pouvons nous arrêter ici. Rappelons seulement qu'une nouvelle incarnation physique viendra souvent accélérer une évolution tardive, et disons quelques mots des cas spéciaux, comme celui des suicidés. Nous nous occuperons ensuite de l'évocation des Esprits des défunts.

Nous avons pris comme exemple l'évolution d'un Esprit moyen, car les hommes qui, pendant la vie terrestre ont pénétré jusqu'au seuil de la seconde mort, n'ont pas à subir d'arrêt en route et ne reviennent s'incarner que sur leur désir formel et comme « Missionnés », gardant le souvenir du passé et le pouvoir de converser directement avec les êtres du plan spirituel. Ces hommes sont les seuls et légitimes maîtres et on les reconnait à leurs cures miraculeuses et aussi à leur humilité. La certitude de l'acquisition de ces mystères a plus d'attrait, pour une intelligence élevée, que la sortie en astral sur terre ou les autres procédés purement magiques, qui cachent toujours de gros dangers. Mais ces évolutions exceptionnelles sont, de l'avis des occultistes, très rares et les cas de chûte sont, au contraire, bien plus fréquents. Parmi ces cas, nous allons prendre comme exemple celui des *suicidés* parce qu'il suffit à éclairer tous les autres. Déjà le Dante nous montre ce malheureux, suicidé par amour à la suite de la mort de sa bien aimée, et venant chaque jour à la limite du Ciel pour s'entendre dire : « Tu la verras seulement demain ». Or, toutes les écoles s'occupant de la constitution du plan invisible, même les plus récentes et ne possédant aucune tradition, comme celle des Spirites, sont d'accord pour décrire identiquement les souffrances des suicidés, qui n'ont d'analogues que celles des criminels, assassins. En se réveillant de l'angoisse, le suicidé constate avec effroi qu'il est étroitement, quoique invisiblement, lié à ce corps qu'il avait cru quitter pour toujours. Jusqu'au jour marqué pour la mort normale, il reste attaché à ce corps, torturé par la faim et la soif physiques et assistant à la décomposition des organes qui, seuls, auraient pu le servir et qu'il a lui-même détruits. A ces souffrances presque matérielles s'ajoutent les angoisses morales et les terreurs de la lutte incessante contre les larves de l'astral inférieur qui viennent réclamer leur butin. Etroitement attachés à la terre qu'ils n'ont pas quittée malgré leur pensée contraire, ce genre d'Esprits obsèdent les cerveaux faibles et les médiums et beaucoup de cas de folie subite n'ont pas d'autre cause, d'après les occultistes. Quand l'époque de la mort normale arrive, l'esprit du suicidé retrouve ses ancêtres et, très rapidement il est réincarné dans un corps difforme ou est estropié pour recommencer la lutte qu'il avait désertée une première fois. Ceux-là seuls qui ont consciemment pratiqué les rites inversifs de la Magie noire, sont punis de peines encore plus fortes, celles des criminels étant encore au dessous de ces derniers.

Nous avons dit un mot de l'*évocation* possible des Esprits et quelques nouveaux détails sont indispensables à ce sujet. Les occultistes se différencient justement des spirites par la difficulté avec laquelle ils admettent les communications réelles entre les vivants et les esprits eux-mêmes des défunts. Pour bien se rendre compte des objections élevées par les occultistes à ce sujet, il faut se souvenir de la théorie des *Images Astrales* dont nous avons longuement parlé.

Tous les faits terrestres sont graphiés, on pourrait dire photographiés dans la lumière astrale et cette règle est vraie pour les Idées, comme pour les individus C'est ainsi qu'une idée humaine est une force aussi dynamique et aussi matérielle que la chaleur et la lumière : de là l'entraînement de la Volonté pour le débutant. Une idée laisse la trace de ses activités bonnes ou mauvaises dans le plan astral et cette trace peut-être retrouvée longtemps après. Il en est de même de l'individu tout entier qui laisse, dans le plan astral, une Image de son passage terrestre. C'est cette image que, la plupart du temps, les spirites prennent pour l'apparition réelle de celui qu'ils évoquent. Dans d'autres cas, quand il n'y a pas fraude du médium, les faits attribués par les spirites aux *Esprits* sont, pour les occultistes, le résultat des seules forces émanées du médium et, quelquefois, accrues par l'aide des élémentals.

Il n'en est pas moins vrai que lorsque les occultistes affirment la réalité des communications entre les deux plans et admettent qu'une communication est bien d'un Esprit humain défunt, ils ne le font que par élimination et munis de toutes les preuves nécessaires. La Magie prétend pouvoir mettre ses adeptes en état de pratiquer l'évocation des morts : mais les rites de la Nécromancie sont considérés comme très dangereux, aussi bien pour l'évocateur que pour l'esprit évoqué. Une seule voie exceptionnelle permet de se mettre en rapport avec le plan invisible, sans danger : c'est la Théurgie. Seuls, les Maîtres, généralement cachés sous les aspects du théurge, ont le pouvoir d'agir consciemment sur les Esprits dans tous les plans de la Nature visible ou invisible.

Pour être complet, nous devons enfin mentionner la théorie de *L'âme sœur* d'après laquelle les êtres évolués sur le plan astral sont formés par la fusion de deux âmes terrestres qui se sont retrouvées après des siècles de recherche, chacune des âmes conservant, du reste, l'intégralité de sa personnalité. Cette conception prête à de charmants développements philosophiques et elle a été très utilisée par les poètes.

Telles sont les principales affirmations que les occultistes basent sur la double autorité de la tradition et de la vision directe du Plan invisible. On comprendra maintenant la réponse d'un Brahmine, interrogé par un Père Jésuite sur l'origine de ses idées sur les transformations de l'âme après la mort et qui répondit au brave missionnaire « : Mais, j'ai vu ce qui se produit après la mort, et aucune révélation ne vaut cette certitude, surtout si l'on fait plusieurs fois la vérification, pour se rendre compte des détails. »

Nous pouvons terminer ici ce qui a trait à la magie humaine et nous allons parler maintenant de la *Magie naturelle*, véritable métaphysique de la Physique actuelle, et celle que beaucoup d'anciens hermétistes étudiaient de préférence. Elle avait pour but de faire agir la volonté humaine dynamisée sur les forces vivantes de la Nature. Sa clef est : *La Lumière astrale*, agissant dans la Nature comme le corps astral agit dans l'homme, l'étude de ce genre de Magie est, en grande partie, basée sur l'*Astrologie* (Voy. ce Mot), le septenaire planétaire et le duodénaire zodiacal.. Toutes les opérations magiques sont, en effet, subordonnées à l'état astrologique du ciel. Ce premier point établi, l'opérateur s'efforçait d'agir sur les intelligences ou « esprits » de différents ordres qui actionnent les divers plans de la nature. Car, pour l'occultiste avancé, tout, dans la nature, est l'œuvre d'esprits de degrés plus ou moins élevés. La classification de ces esprits joue un très grand rôle dans la Magie naturelle, aussi nous faut-il insister quelque peu sur ce sujet si important et si obscur.

Les *Esprits* se divisent, pour les occultistes, en deux premières grandes sections : 1° Les esprits inférieurs à la Nature humaine, appelés par les anciens : Esprits des éléments, et, par les modernes, depuis Paracelse, Élémentals. Ces esprits sont mortels mais peuvent acquérir l'immortalité en s'élevant jusqu'à la nature humaine.

C'est à cette catégorie que se rattachent les Sylphes, ou esprits de l'air, les Salamandres, ou esprits du Feu, les Ondins ou esprits de l'Eau, et les Gnômes ou esprits de la Terre, des anciens et des Rose-Croix. Les élémentals agissent dans la Nature comme les cellules embryonnaires agissent dans l'homme : ils président à la construction, à la destruction et la défense des sections dont ils ont la garde. Louis Michel de Figanières est l'auteur contemporain qui les a le mieux décrits, sous le nom « d'Humanimaux » et d'Hominicules. Ce sont ces esprits, n'étant par eux-mêmes ni bons ni mauvais et agissant bien ou mal selon l'impulsion qui leur est donnée, qui, dans les séances spirites s'amusent aux dépens des assistants et des médiums, en se présentant comme Charlemagne ou Victor Hugo, au choix.

2° La seconde section est celle des Esprits égaux ou supérieurs à la Nature humaine. C'est là qu'il faut classer les « Esprits planétaires » de la Kabbale et les Esprits des défunts, nommés par certains occultistes modernes : Élémentaires. Il faut encore faire entrer dans cette section les Esprits supérieurs à l'homme, ceux que l'Église désigne sous le nom d'Anges et de Démons et une troisième catégorie, connue seulement des praticiens, et désignée sous le nom « d'Esprits astraux ». Ce sont ces derniers que Valentin désignait sous les termes de Receveurs pacifiques, Receveurs des Archons, et même d'Archons dans sa *Pistis Sophia*. L'Église ne veut y voir que des démons, car elle a perdu toutes les clefs du Plan astral. Tous ces esprits de la seconde section, ayant leur volonté propre ne viennent, lors des évocations et conjurations, que s'ils le veulent bien ou s'ils y sont forcés. On ne peut les forcer que par la conjuration et, si quelque détail de la cérémonie est omis, ils ont tout pouvoir sur l'imprudent qui a pu se faire obéir sans en être digne. La cérémonie magique a donc une grande importance et nous allons en résumer les principales phases. La préparation à la Cérémonie magique ou mieux à l'expérience de Magie cérémonielle, consiste en jeûnes, plus ou moins prolongés, en purifications physiques et morales diverses. De plus l'opérateur et ses aides (il faut être un nombre impair) doivent avoir préparé des vêtements spéciaux et un cabinet d'opération de couleur correspondante au jour choisi. C'est dans ce cabinet qu'est tracé le cercle magique, formé de trois cercles concentriques contenant les noms Divins et les noms des anges du jour et de l'heure. Le cercle est la véritable forteresse de l'opérateur, car, tant qu'il reste renfermé dans le cercle, il est à l'abri des influences pernicieuses. Outre le cercle, l'opérateur possède encore, comme moyen de défense, une épée et comme moyen de commandement une baguette magique, dont la préparation exige un rituel spécial. Dans certaines cérémonies qui se rattachent plus à la goétie qu'à la magie, il est fait usage d'une victime et de sang. Une fois entré dans son cercle, l'opérateur commence à haute voix, l'appel des Esprits : cet appel prend le nom d'évocation quand on prie l'esprit humblement, et de conjuration quand on force l'Esprit par des menaces et des noms divins, à se manifester, même contre son gré. Une fois l'apparition obtenue, il est indispensable de prononcer le *renvoi* des influences qui se sont présentées. C'est seulement après ce renvoi que l'opérateur peut sortir impunément du cercle. Nous venons de résumer un type général de cérémonie magique. On comprend que ce type se modifie selon les rituels et les circonstances. Mais ce qu'il faut surtout retenir, c'est que les occultistes se défendent avec énergie d'évoquer jamais des esprits démoniaques, et qu'ils combattent même les sorciers qui se livrent à cette pratique. Du reste la magie cérémonielle est généralement défendue, dans les hautes fraternités où la théurgie lui est, avec raison, de beaucoup préférée. Les rituels de Magie cérémonielle sont, le plus souvent des manuscrits. La Bibliothèque Nationale en possède un très beau intitulé : « Les clavicules de Salomon ». La Bibliothèque de l'Arsenal possède surtout des rituels de sorcellerie. Parmi les imprimés, le meilleur est l'adaptation du quatrième livre d'Aggrippa par Pierre d'Aban. On a essayé de modernes traductions : mais elles contiennent de telles fautes de sens qu'il vaut mieux recourir aux originaux. Une autre grande variété de Magie cérémonielle était la pratique du grand-œuvre hermétique, se poursuivant entre le laboratoire et l'oratoire. Les couleurs de l'œuvre reproduisaient les Mystères de la Création, et les récits symboliques des anciens temples n'en étaient, le plus souvent, qu'une adaptation. Du reste, on trouvera tous les détails sur ce point à l'article Alchimie.

Il nous reste à parler de la magie inversive, magie noire ou sorcellerie. Stanislas de Guaïta l'a fort bien définie : la mise en œuvre, pour le mal, des forces occultes de la nature. Alors que le magiste fait tous ses efforts pour aider à l'évolution des forces naturelles, le sorcier, lui, s'emploie de toutes ses forces à paralyser la libre expansion des forces évolutives au bénéfice des forces de mort et d'involution. Dans la majeure partie des cas, celui qui se croit doué d'un pouvoir maléfique est un pauvre ignorant qui ne possède qu'un secret puéril de magnétisme et qui, alors, utilise de son mieux son savoir pour terroriser ses voisins et pour leur soutirer de l'argent. Car c'est encore une distinction caractéristique des écoles d'initiation occultistes que la défense absolue de demander ou de recevoir ni cadeaux ni argent pour ses besoins personnels, en récompense d'une assistance par les moyens magiques. C'est ainsi que les talismans, qui sont généralement de simples fixateurs de forces magnétiques, doivent être faits personnellement par celui qui veut les utiliser et ne doivent jamais être ni achetés, ni vendus, sous peine d'être mis au ban des écoles sérieuses d'occultisme. Le sorcier qui entre franchement en lutte avec toutes les forces divines de l'invisible est, dans la majeure partie des cas, un monomane d'orgueil ou un aliéné. Il ne faudrait pas croire que les lumières projetées sur tout par la science du 19e siècle aient fait disparaître ce type du grand révolté contre Dieu. Un des ouvrages de Stanislas de Guaita nous donne une foule de documents authentiques sur l'abbé B... prêtre défroqué se disant disciple de Vintras et qui avait établi à Lyon le siège de ses opérations. Or une enquête faite sur la vie antérieure de ce soi-disant terrible sorcier a révélé plusieurs condamnations, tant ecclésiastiques que correctionnelles qui ne laissent aucun doute sur l'état mental de ce prétendu suppôt de l'enfer.

L'envoûtement, ou action à distance au moyen d'un objet en rapports magnétiques avec le maléficié, objet nommé : Volt ou Vult, a été très adroitement rattaché à l'Hypnose profonde et à l'extériorisation de la sensibilité par M. de Rochas, dans une série de curieuses expériences. Une des plus caractéristiques consiste à donner à tenir un morceau de cire loin du sujet et à le piquer avec une épingle ; le sujet éprouve la sensation de la piqûre comme si on la lui avait faite directement. Une épreuve photographique, dont le cliché a été tiré en état d'extériorisation du sujet, présente des relations analogues même à distance et sans contact. Ces expériences et d'autres du même genre, ont été vérifiées par le D' Luys et par moi-même à la Charité ; mais elles sont en trop petit nombre pour constituer autre chose que des indications dont l'avenir se chargera de préciser le caractère exact.

Les Pactes que le sorcier signait de son sang et remettait au diable rentrent dans la catégorie des conjurations et de leurs conséquences cérébrales.(Voy. *pacte*,) il en est de même de la *Messe noire* (Voy. ce mot) et d'autres pratiques du même genre, qui se rattachent à la Goétie.

La magie des campagnes, avec ses formules naïves n'est pas de la sorcellerie, mais bien, le plus souvent, du magnétisme mystique basé sur de vieilles traditions chrétiennes. Ainsi la formule pour empêcher les brûlures, de faire mal : Feu de Dieu, perds ta chaleur — Comme Judas perdit sa couleur — Quand il trahit Notre-Seigneur — Au jardin des Oliviers — est un charme des élémentals, comme presque toutes les formules employées dans les campagnes et n'a rien à voir avec la Goétie. Au contraire, réciter le « Pater » à l'envers, pour faire tourner le lait, est une pratique de sorcellerie. Pour le Sabbat et les autres détails voy. *Sorcellerie*.

La Théurgie n'agit qu'au moyen de la prière et du sacrifice. C'est donc tout le contraire de la Magie et nous n'en parlons ici que parce que certains auteurs l'ont citée comme la magie divine. Le théurge, en effet ne possède les pouvoirs qui constituent sa qualité qu'à la suite de grâces acquises, soit par la réincarnation volontaire, soit par tout autre cause du même genre. A sa voix, et surtout à sa prière, la maladie, la Mort même reculent et s'arrêtent, les cerveaux humains se modifient et les clichés astraux eux-mêmes peuvent être changés ou reculés. Ces clichés sont ceux que voient se former les prophètes dans le plan astral, et toute prophétie peut être ainsi annihilée par l'action d'un théurge. De tels pouvoirs ne sont pas donnés à l'orgueil ni à l'ambition et, pour éviter tout écart, la loi veut que le théurge ne puisse rien, par les moyens mystiques, sur les siens et sur lui-même. Ainsi, si le plan physique lui est soumis, ses enfants s'il se marie pour supporter intégralement toutes les charges sociales, ses proches, dans l'autre cas, sont des otages du destin. Je connais personnellement en France un être humain doué de pareils pouvoirs. J'ai vu, en compagnie d'autres confrères médecins, des « mal de Pott » disparaître en quelques minutes, des tibias se redresser, pour ne parler que des faits médicaux. La guérison est d'autant plus foudroyante que les parents (quand il s'agit d'enfants) ou les solliciteurs ont davantage souffert ou ont fait plus de bien anonyme autour d'eux. Il est souvent défendu au théurge de guérir l'enfant de millionnaires égoïstes, alors qu'une pauvre marchande des rues verra son petit instantanément arraché à la Mort. Le Temps et la Distance n'existent pas, pour les œuvres de Théurgie, et l'opérateur verra et agira aussi bien de Lyon à Paris que d'une rue à une autre. Il est défendu de nommer directement ceux qui ont de tels pouvoirs et le silence est ce qu'ils recherchent par dessus tout. On me permettra de me conformer à cette règle, d'autant plus que nous devions simplement différencier, ici, la théurgie de la magie. Disons en terminant que la Théurgie jette de vives lumières sur le christianisme et que le culte de Notre-Seigneur Jésus-Christ, de la Vierge et des saints est inhérent à ces pratiques de haute théurgie, cependant si ignorées et si redoutées de l'Eglise qui confond théurges et sorciers dans une même crainte superstitieuse.

Peu de sujets présentent autant de difficultés que la question de l'histoire, considérée au point de vue de l'occultisme. Pour éviter, de notre mieux, les obscurités, nous diviserons notre exposé en deux parties principales : 1. L'histoire de la constitution des diverses traditions occultistes. 2. L'histoire de l'influence exercée extérieurement dans le monde profane, par les diverses fraternités occultistes. 3. Enfin nous terminerons par quelques considérations sur les voies de réalisation de l'occultisme contemporain et sur l'état exact de ce mouvement en 1898.

LES TRADITIONS. — Pour se rendre compte des enseignements de l'occultisme concernant les diverses traditions et leur constitution, il est indispensable de faire une digression préalable sur les races humaines et sur la physiologie planétaire, telle que la conçoivent les occultistes.

Nous disons physiologie, car l'ésotérisme enseigne que chaque planète est un être vivant et la Terre n'échappe pas à cette règle générale. La Terre, considérée comme un organisme, a pour organes les continents ainsi que nous le verrons tout à l'heure. Sa circulation est constituée par l'Océan comme cœur, avec un courant artériel aérien de l'Océan aux montagnes par les nuages et aux vallées par la rosée et la pluie, un courant veineux, de retour, par les rivières et les fleuves La respiration se fait, au contact de l'émanation solaire par la crémation de l'atmosphère terrestre. La digestion est sous la dépendance de l'humus terrestre, immense estomac d'absorption et de transformation que l'homme utilise pour son usage en l'améliorant. D'après une très ancienne tradition, confirmée par les révélations de Louis Michel de Figanières, la Terre est formée par la soudure, la réunion intime, de plusieurs planètes en voie de dissolution, chacune de ces planètes a constitué un continent terrestre, et le système nerveux, formé des filons et des veines métalliques, a réuni le tout sous la direction d'un Esprit unique. La planète la plus avancée était l'Asie, aussi fut-elle chargée d'instruire successivement les autres, des choses divines. Cette mission cessa quand l'humanité terrestre fut assez mûre pour que le Christ vint s'incarner en Judée, au point de réunion des divers continents terrestres. Une planète, après avoir accepté l'incrustation avec les autres, refusa de poursuivre l'évolution commune et fut rejetée solitaire et sans habitants avancés, dans l'entourage de la Terre. Cette planète révoltée est la Lune et sa brusque disparition fut la cause de l'inclinaison sur l'écliptique et d'un immense déluge. Chaque continent a donc généré sa flore et sa faune, ainsi que sa race humaine spéciale. L'humanité terrestre a donc des points de départ différents et ne vient pas d'une source unique elle a apporté des traditions également personnelles et ce n'est que plus tard, que ces traditions également personnelles se sont fondues les unes, dans les autres, en même temps que les hommes, la flore et la faune se mêlaient par les échanges et le commerce.

Ces données peuvent sembler originales ou bizarres, mais elles sont indispensables à connaître pour comprendre une foule d'idées des anciens sur la Nature, et les modernes occultistes les ont intégralement conservées.

Les races furent au nombre de quatre, différenciées par leur origine et leur couleur et elles eurent la prépondérance sur la Planète dans l'ordre suivant: 1° Les Lémuriens, originaires d'un continent qui occupait la place de l'océan Pacifique actuel et qui devaient être jaunes rougeâtres. 2° Les Atlantes, originaires d'un continent qui se trouvait à la place occupée aujourd'hui par l'Océan atlantique. Ils avaient la peau rouge. 3° Les Noirs, originaires de l'Afrique actuelle 4° Les Blancs, originaires des environs du pôle Nord (Mer Blanche), et du continent Européen, le dernier évolué. Car chaque continent, comme chaque homme, chaque famille et chaque nation, a ses périodes de jeunesse, d'âge mûr et de vieillesse. Certains ont même des alternatives de sommeil et d'enfouissement sous l'eau et de réveil, séparées par des déluges que les Brahmes, dans leur chronologie, ont parfaitement fixés. Or la Tradition occultiste, actuellement en cours parmi les blancs, a forcément subi l'influence de toutes les traditions précédentes, ce qui nous oblige à dire quelques mots de chacune de ces traditions, toutes dérivées de la source unique à laquelle se réfèrent toujours les voyants.

De la tradition Lémurienne, nous ne possédons que quelques bribes, conservées au Thibet et dans quelques centres taoïstes de la Chine. Cette tradition, la plus proche de l'unité, était surtout mathématique et alliait strictement le nombre à l'idée.

De la tradition Atlante, nous possédons, au contraire beaucoup de restes. Les Atlantes avaient, en effet, colonisé toutes les côtes du sud de l'Europe et les Ibères, les Etrusques, et surtout les Egyptiens, sont des colonies d'Atlantes. Après la catastrophe qui engloutit presque tout le continent primitif, les colonies devinrent des centres de la plus grande importance, pour les races ultérieures. La tradition atlante, surtout connue par les hiéroglyphes et les monuments de la primitive Egypte, étudiait l'absolu sous toutes ses formes.

La tradition noire s'est particulièrement attachée à l'étude du plan astral, sous tous ses aspects, aussi toutes les figures des démons, toutes les cérémonies évocatrices d'Esprits astraux, prennent-elles leur origine dans cette tradition.

Tels sont, très rapidement résumés, les éléments en présence desquels va se trouver la race blanche, au cours de ses diverses pérégrinations, que nous allons résumer maintenant d'après Fabre d'Olivet.

Le berceau de la race était donc placé autour de la mer blanche, à l'époque où les noirs dominaient sur la planète et où ils étaient installés dans tout le sud de l'Europe et dans la plupart des anciennes colonies rouges, qu'ils avaient domptées par la force, mais dont ils avaient adopté les arts et l'intellectualité. C'est même là la raison pour laquelle la race noire eut un déclin si rapide. Mettant toute sa confiance dans la force physique et la valeur militaire, elle négligea sa propre intellectualité et la décadence complète suivit ses premières défaites. Les explorateurs noirs, lancés à l'aventure dans les immenses forêts du nord, découvrirent les premiers échantillons de la race blanche qui avaient poussé une pointe hardie vers le sud. Nous ne résumerons pas la lutte, incessante entre les deux races, qui suivit cette découverte ; et nous dirons simplement que tout se termina au profit des blancs qui, en quelques siècles, avaient refoulé les noirs vers le sud-est autour de la mer des noirs (Mer noire actuelle) et dans l'Inde qui était encore au pouvoir des noirs. « Il fut un temps, disent les chronologies des Brahmes, où l'Inde était au pouvoir des éthiopiens. » C'était en Europe l'époque druidique, vers 10.000 av J C. et le continent était ainsi divisé : à l'est la terre des chevaux, Ross-Land, berceau de la Race ; en avançant vers l'ouest et le sud, on trouvait successivement : la terre élevée, Poll-Land (Pologne) la terre divine Deutch-Land, et la limite des âmes Dahn Mark ; enfin on arrivait aux terres basses, Holl-Land et Goll-land. C'est à ce moment que se place le premier exode des blancs vers le sud. Un fort parti de blancs contourna la mer Noire, gagna l'Arabie, et constitua le noyau de ces hommes à tête dure dont dériva par la suite le peuple hébreu. Parlons maintenant de Ram.

Ram était un druide, auquel un songe révéla la manière d'employer la teinture de Gui pour guérir la lèpre, qui menaçait de détruire complètement la race blanche. C'est de là que date le culte du Gui par les Druides. Devenu, par sa découverte, trop populaire, Ram fut condamné à aller porter un message aux ancêtres, c'est-à-dire à avoir la gorge coupée en grande cérémonie par les Druidesses, alors toute puissantes. Il n'y avait qu'un moyen d'éviter cette triste fin : l'exil, et Ram s'exila, suivi de plusieurs milliers de Celtes qui s'attachèrent à sa fortune. Ram se dirigea d'abord vers la Mer Noire : puis il la contourna et s'établit près des Monts Ourals où il prépara, pendant plusieurs années l'exécution de son grand projet : la conquête de l'Inde sur les Noirs.

Quand tout fut prêt, il lança hardiment ses Celtes sur les Noirs et, en quelques années ceux-ci étaient refoulés jusque dans l'île de Ceylan où ils furent définitivement écrasés. D'après les occultistes, les historiens qui suivent la descente des aryens d'Asie en Europe, commencent leur histoire à ce moment seulement, et ignorent que les aryens ne revinrent vers l'Europe qu'après en être antérieurement venus, pour conquérir l'Asie. C'est aux archives Brahmaniques que les historiens occultistes prétendent avoir puisé ces renseignements que certaines découvertes archéologiques modernes tendraient à confirmer, dans leurs grandes lignes. Ram constitua sa tradition en unissant le culte des ancêtres à la tradition rouge et à la tradition noire déjà implantées dans l'Inde et il changea son nom de Ram qui voulait dire : Bélier, en celui de Lam qui signifiait Agneau. Le lamaïsme venait ainsi s'ajouter au Brahmanisme, dans la constitution de la tradition orientale des Blancs.

Nous arrivons maintenant à la question, importante pour les anciens, du symbolisme des couleurs. Cette question vient d'être définitivement tranchée par un des plus grands d'entre les chercheurs qui ont demandé à l'occultisme la clef des anciennes civilisations : Saint-Yves d'Alveydre, dans sa clef chromatique du Symbolisme. Les Brahmes, représentants de ta tradition orthodoxe, avaient, comme symbole, la couleur blanche celle de la race conquérante. Le Sanscrit reflet de la véritable écriture sacrée (qui, d'après Saint-Yves, serait le Watan) s'écrivait d'Occident en Orient (de gauche à droite), pour indiquer l'origine des vainqueurs.

Au contraire, les écritures atlantes et leurs dérivés, s'écrivaient d'Orient en Occident (de gauche à droite), tandis que l'écriture des Lémuriens se traçait du ciel à la terre et d'Orient en Occident (comme le Chinois actuel) et l'écriture des Noirs s'inscrivait de la Terre au ciel. Tout correspondait strictement à tout, dans chaque tradition et la manière d'écrire indiquait analogiquement tout le reste. La couleur sacrée est encore un autre guide précieux. Les blancs orthodoxes avaient la couleur blanche, nous l'avons dit, quand le premier schisme éclata, schisme en même temps scientifique, philosophique et religieux.

Après trente cinq siècles de tranquillité, ce schisme d'Irschou éclata soudain (vers 3200 Av. J C) et les révoltés quittèrent l'Inde, en prenant la couleur rouge pour emblème et en cherchant à combattre les créations des orthodoxes, partout où les révoltés étaient les plus forts. On les nomma pasteurs, Yonijas, pour indiquer leur ignorance des mystères et leur manque de références intellectuelles. Les pasteurs quittèrent l'Inde, envahirent l'Asie mineure, puis l'Arabie, en refoulant dans le désert les vieilles colonies celtes : un des courants d'invasion alla fonder Tyr, d'où la pourpre, marque des pasteurs à travers le monde, devint le symbole et la représentation effective des Rois absolus, se passant de l'autorité de la tradition, des Tyrans et des Tyriens de toute race que les initiés combattirent partout de tout leur pouvoir. Un torrent de ces pasteurs, puissants uniquement par la force brutale et le mépris des lois de la civilisation, envahit l'Egypte et s'empara du trône des Pha-Ra-ons (Dynasties des Pasteurs), en se fortifiant du côté de l'Inde, pour éviter un retour des orthodoxes. Pour éviter la perte de toute l'antique tradition, les prêtres orthodoxes D'O-SI-R-IS, en relations constantes avec les centres primitifs, créèrent les *grands mystères* qui allaient jouer un rôle si considérable dans l'histoire de l'humanité. C'est en effet de ces temples égyptiens, devenus, vers 2600 av. J. C. l'Université centrale de l'Occident, que sortirent les révélateurs et les législateurs chargés d'aller combattre partout l'œuvre néfaste des Tyrans. Ces grands hommes qui n'acquéraient la Science qu'après des épreuves physiques, morales, et spirituelles très dures, rayonnèrent dans tout l'Occident. et il suffit de citer Lycurgue, Solon, Numa,

Minos, Pythagore, Platon, d'une part, puis, Orphée, Moïse, d'autre part, pour voir l'importance de cette Université centrale, nommée Hermès, dont tous les temples de l'Occident n'étaient que des écoles secondaires, en relations constantes avec la tête intellectuelle qui parvint à écraser, en se servant des Grecs comme soldats, les efforts des Pasteurs et de leurs descendants, contre l'orthodoxie.

Il faut comprendre la grandeur de la mission de Pythagore, parcourant tous les Temples de l'Inde et venant ensuite organiser, aux jeux olympiques, la résistance contre les Perses qui se préparaient à envahir l'occident, il faut comprendre cette mission, conçue comme la conçoivent les occultistes, pour se rendre compte du respect sacré qui s'attachera, par la suite, à ce titre de Pythagoricien. Les philosophes grecs ne furent souvent que les signes de leurs maîtres, les Egyptiens, auxquels ils voulurent dénier, par la suite, leur paternité intellectuelle.

C'est cette lutte de l'initiation et des initiés contre la tyrannie qui constitue, pour l'occultiste, la clef ésotérique de l'histoire.

Ne quittons pas ce symbole des couleurs sans parler de la tentative de l'initié orthodoxe qui prit le nom de Fo-hi pour organiser, vers 2700 av. J. C., la civilisation d'extrême orient, avec la couleur jaune comme marque initiatique.

Le Chinois est la seule clef, encore existante, de ce qu'on peut appeler une langue astrale, surtout si l'on se reporte aux anciens caractères figuratifs Siang-Hin, qui donnent la voie de lecture totale des hiéroglyphes péruviens ou égyptiens.

Laissons maintenant l'histoire générale pour nous occuper de la constitution de la tradition secrète de Moïse, qui va servir de base à toute l'orthodoxie en occident, jusqu'à l'arrivée de Jésus.

Moïse, créa, pour l'occident, ce que Fo-Hi avait créé pour l'orient : un Peuple chargé de porter à travers les âges, un résumé symbolique et initiatique de tout l'occultisme antique, une arche sainte, une Thébah (Aleph, Beth, Thau) renfermée sous quelques caractères hiéroglyphiques que, par la suite, Daniel dévoila à Esdras sous la forme de l'hébreu carré actuel. Mais, d'après Saint-Yves d'Alveydre, Moïse écrivit en caractères Watan.

L'œuvre confiée par Moïse à ses initiés renfermait la synthèse de la science des rouges, acquise par Moïse en Egypte, comme prêtre d'Osiris, et de la science des noirs, acquise auprès de son beau-père Jéthro, dans le temple du désert. Ces deux traditions avaient de plus été strictement vérifiées dans la lumière secrète de la nature par l'extase et la vision directe, qui avaient unifié la révélation et avaient ramené au point de vie réelle les anciennes chroniques des guerres de Ioah, dont Moïse s'était inspiré. Le créateur intellectuel des hébreux constitua son livre en Esprit, Ame et Corps, comme un organisme qu'il était et de la façon suivante : le corps, fut la Massora, ou règles pour écrire ou copier les caractères sacrés, avec défense d'en changer aucun, sous peine de mort spirituelle. L'Ame, double et indéfiniment extensible comme toutes les âmes, fut le Talmud, ou code juridique, avec ses deux pôles : la Mishna et la Ghémarah. Enfin l'Esprit de l'œuvre, que, seul, Moïse transmit de son vivant et oralement fut la Kabbalah. C'est à cette Kabbale, transmise plus ou moins fidèlement jusqu'au moment où Saint-Jean la revoile dans son évangile et son Apocalypse, que se réfèrent la plupart des sociétés initiatiques d'occident, dévouées à la défense du

Christ, tandis que c'est au Pythagorisme que se réfère le courant païen.

Résumer l'enseignement de la Kabbale serait reproduire toute la section théorique de cet article, avec des termes hébraïques. Nous reviendrons donc à notre exposé historique. La tradition blanche est ainsi constituée avec son caractère particulier, depuis Moïse. Mais il existe un autre courant traditionnel, à caractère plus politique encore qu'intellectuel, c'est le courant Pythagoricien, auquel se rattacheront beaucoup de sociétés secrètes politiques, poursuivant la destruction du pouvoir personnel, et cela nous amène à notre seconde section :

INFLUENCE DES SOCIÉTÉS OCCULTISTES
dans le monde profane.

Jetons un coup d'œil en arrière et figurons-nous cette ancienne civilisation, dite païenne, en nous demandant quels sont ses ressorts secrets?

Ce sont ces fraternités d'initiés, sortis des temples locaux ou de l'Université centrale d'Egypte et dont les membres circulent de temple en temple sans avoir besoin d'argent, grâce à la loi de l'hospitalité et aux signes de reconnaissance qui ouvrent toutes les portes, sur la Terre entière, car ces prétendus païens ignorent les guerres de religion et savent faire du temple des différentes forces astrales ou divines, un asile de l'unique Vérité. Platon, fait esclave, devra aux signes secrets des initiés la libération immédiate. Que fallait-il donc pour faire partie d'une de ces fraternités? De l'argent? Non, car tout était gratuit et l'élève était logé et nourri gratuitement pendant toutes ses études. Fallait-il être patricien et de grande naissance? Non, car l'Initiation était ouverte à tous, esclaves ou non, et une seule chose était exigée : un courage physique à toute épreuve, un mépris absolu de la Mort, garanties nécessaires pour les missions qui plus tard, pouvaient être confiées à l'initié. Après les épreuves, l'initiation commençait et montait, avec la difficulté même des épreuves progressivement élevée au plan moral, puis au plan spirituel. Homère, Virgile, ont décrit, sous le nom de descente aux enfers, les diverses phases de ces initiations qui constituaient, dans l'antiquité l'origine de la classe d'autant plus réellement dirigeante que l'action de ses membres était plus désintéressée et plus occulte. C'est à cette lumière des initiations, disent les occultistes, qu'il faut reprendre et reconstituer toute l'histoire de l'antiquité.

Le grand changement survenu dans le régime des initiations ne fut pas dû aux persécutions, cependant nombreuses que les centres connus subirent de la part des Tyrans, mais à la naissance du Christianisme. Les Mages, représentants de l'initiation chaldéenne qui, déjà, avait redonné à Esdras les clefs perdues, viennent saluer à son berceau la Religion de l'Occident et on voit les quatre formes du Sphinx caractériser chacune, un des Évangélistes de la Parole divine. En même temps, les oracles se taisent, ce qui indique que le mot d'ordre, venu des centres invisibles, était bien de donner tout l'appui possible à ce Christianisme qui, seul, allait entamer la lutte contre la Tyrannie romaine qui poursuivait avec acharnement la destruction de tous les sanctuaires de Haute Initiation. Aussi voyons-nous, sous le nom de Gnostiques, les initiés de tous les centres donner un appui considérable au Christianisme naissant. Saint Paul sera le réalisateur pratique du nouvel organisme, mais Saint Jean l'évangéliste et l'auteur de l'Apocalypse, en restera toujours l'initié.

A ce moment tous les centres marchent d'accord en faveur de la révélation chrétienne et la lutte se poursuit jusqu'à la cession du Christianisme à l'administration romaine, par des évêques préférant le temporel au spirituel. A partir de cet instant les persécutions contre les centres d'initiation reprennent de plus belle, mais elles sont dirigées, cette fois, par les membres du clergé chrétien qui, sous prétexte d'hérésie, veulent anéantir toute trace de l'antique tradition. C'est alors que commence cette lutte incessante entre l'idée libre et Constantinople, puis, après la prise de cette ville, dans les Universités si tolérantes des Arabes, ces mystérieuses associations d'hermétistes, de chevaliers initiés, d'Adeptes de Saint Jean, etc, etc. Toutes ces formes furent groupées pendant le Moyen-Age, d'abord en Westphalie, à partir de l'an 772, sous le nom de Francs-Comtes ou Francs-Juges, puis dans toute l'Europe et une partie de l'Asie, à partir de 1186, par les Templiers. Les templiers étaient sur le point de reconstituer l'ancienne fraternité des anciens temples, avec ses signes de reconnaissance et ses agents partout, ils s'apprêtaient à doter la chrétienté d'une instruction large et répandue partout, qui aurait fait avancer l'humanité de plusieurs siècles, quand, en 1312, ils furent trahis et bientôt dispersés. Les survivants du massacre, comprenant que leur erreur avait été d'abandonner la voie des anciennes fraternités initiatiques, se mirent en relation avec les représentants de l'initiation Pythagoricienne, alors existants, et posèrent les bases de ces associations d'illuminés d'où sortirent la plupart des rites maçonniques, par la suite. C'est à propos des SOCIÉTÉS SECRÈTES (Voy. ce mot) qu'on trouvera des détails que nous sommes obligés de résumer, pour ne pas sortir des limites de notre sujet, et nous allons maintenant voir comment, délaissant la voie des luttes matérielles, les initiés vont appeler l'idée seule au service de leur cause en déguisant leurs préoccupations sous le voile des recherches alchimiques et de la Philosophie.

OCCULTISME et PHILOSOPHIE. — Il ne suffit pas d'affirmer l'influence de l'occultisme sur la Philosophie, il faut surtout prouver cette influence par des dates et des noms. Nous allons donc faire l'énumération des principaux d'entre les philosophes que les occultistes considèrent comme étant des leurs, et nous rappellerons simplement qu'on reconnait les initiés et les disciples de la tradition ésotérique à leur doctrine trinitaire et à l'admission d'un plan ou d'êtres intermédiaires entre le physique et le divin (plan astral de Paracelse et des Martinistes.) Il existe, comme nous l'avons dit, deux courants principaux dans la tradition occidentale : 1er le courant Pythagoricien et Platonicien, formé d'hommes très érudits et savants, mais généralement opposés au mysticisme chrétien et à tendances plutôt païennes (pour les modernes), et le courant chrétien, qui renferme presque tous les encyclopédistes de l'occultisme et ses plus grands réalisateurs. Nous sommes obligés de faire une énumération, peut-être monotone, mais qui aidera à tel point les recherches bibliographiques, que nous n'avons pu nous en dispenser.

Courant Pythagoricien et Platonicien

Dans l'école Pythagoricienne primitive, dérivée directement de l'Egypte et de la tradition atlante, nous citerons : Pythagore, Charondas, Lysis, Aristée, Alcméon,

Timée de Locres, Œnopide, Archytas de Tarente, Philolaus, Stésimbrote de Thasos.

Dans l'Académie, il faut surtout retenir les noms de Platon, Speusippe, Phormion, Cratès, d'une initiée : Axiotée, et surtout de Xénocrate, qui s'efforça d'établir les rapports du Platonisme au Pythagorisme, en réduisant les idées aux nombres correspondants. C'est la même idée que reprendra un siècle avant J.-C. Antiochus d'Ascalon.

Nous ne citerons pas spécialement Aristote, parce que, bien qu'initié, il n'a développé par écrit que l'éxotérisme et a gardé l'ésotérisme pour l'enseignement oral de rares disciples, entre autres Alexandre-le-Grand. Ses apologistes, ignorant l'existence de l'ésotérisme, ont transformé Aristote à tel point que nous ne considérerons aucun membre du Lycée comme un véritable initié.

Aussi passerons-nous de suite au néo-Pythagorisme du premier siècle avec Euxène d'Héraclée et surtout son illustre disciple : Apollonius de Thyane et ses successeurs, Anaxilas de Larisse, Moderatus, Nicomaque de Gérassa (2ᵉ siècle) et l'initiateur de Caton : Néarque. Nous mettrons hors de pair l'illustre Apulée, un des derniers initiés aux grands mystères et un des rares révélateurs de l'ésotérisme.

Arrivons aux néo-Platoniciens, ceux qui donnent le plus de lumières sur le plan astral et les Esprits astraux, parmi lesquels nous retiendrons :

Areius Didymus (sous le règne d'Auguste) Thrasylle (sous le règne de Tibère, qui le fit tuer.), Plutarque, disciple d'Ammonius d'Alexandrie et qui révéla sous des apparences badines de bien profondes vérités, dans son traité « d'Isis et d'Osiris ». Albinus, un des initiateurs de Galien, Maxime de Tyr, Taurus Calvisius, qui compta

Aulu-Gelle parmi ses auditeurs, Ptolémée d'Alexandrie, et, pour ne pas oublier les initiées : Arria.

De l'école d'Alexandrie, il nous faudrait tout citer. Après Numesius d'Apanée nous nous arrêterons surtout sur le nom d'un des plus grands parmi les initiés : Ammonius Saccas. Ammonius passe pour avoir doté le Christianisme de tout son rituel, dont le principe est tiré du Mazdéisme, mais il a donné naissance à une telle pléiade de brillants élèves, que l'humanité doit retenir ce nom. Parmi ces élèves, nous citerons, après Hérénius et Origène, l'inspirateur d'Allan Kardec, bien malgré lui, Plotin qui, à son tour, donna naissance à deux grands courants traditionnels: un courant occidental, confié à Porphyre, et un courant oriental, confié à Amélius qui développa surtout la pratique mystique. Porphyre eut pour successeur, à la tête de l'école, l'illustre Jamblique auquel succéda au IVe siècle, Adésius, lui même suivi, à la tête de l'école fondée en Cappadoce, par Eustathius.

Retenons la fondation à Athènes d'une nouvelle école par Plutarque d'Athènes, (356-436) qui initia sa fille Asclépigénie, initiatrice elle-même, avec Syrianus, élève de Proclus, et terminons ce qui concerne cette illustre école qui tenta de diffuser les mystères, en rappelant les noms de Hiéroclès, Hypathie, à laquelle l'initiation fut fatale, et Olympiodore et Damascius, soutenant encore la renommée de l'école au Ve et VIe siècles. Nous passerons par dessus le courant purement alchimique, pour arriver en 1400 où nous trouverons à citer Nicolas de Cusa (1401-1464), Marsile Ficin (1433-1499), le maître de Pic de la Mirandole, Patricius Patrizzi (1526-1567) et Jordano Bruno, (1548-1601), l'inspirateur de Descartes, Spinoza, Leibnitz, Shelling et aussi d'Hégel.

Spinoza (1632-1677) ouvre la série des philosophes

s'inspirant de la Kabbale juive, dans sa section non mystique, et ses disciples Cuper, Cufaeler, Parker, Law, et Wachter poursuivirent, plus ou moins heureusement la même voie.

Les représentants plus modernes de ce courant Pythagoricien sont : Hamann (1730-1788) Baader, Statler, Frédéric Shlegel et Weishaupt, réalisateur de la société des « illuminés » et qui vécut de 1748 à 1830.

Nous terminerons cette liste par le nom de l'ange de ce courant d'érudition et de philosophie, nous avons nommé Fabre d'Olivet l'un des hommes les plus savants qu'ait produit l'occultisme.

Courant Mystique et Chrétien

C'est dans ce courant que nous allons rencontrer les maîtres réels de l'occultisme contemporain, et ses plus illustres représentants, soit anciens, soit modernes. Aussi n'insisterons nous que sur les plus importants d'entre eux.

Ce sont, bien entendu, les Gnostiques qui ouvrent la série et c'est par eux que nous devons commencer nos citations. Simon le Mage, Cérinthe, surtout Saturnin, un des Kabbalistes de la Gnose, puis Bardesane, Basilide, et enfin Valentin, l'auteur de *Pistis Sophia*, et le chef de l'école gnostique d'Alexandrie, Carpocrate, très estimé des occultistes, Marcion et Manès forment le bataillon des chrétiens s'efforçant d'unir la Foi à la Philosophie et à la Science. Parmi les membres de l'Eglise, les occultistes revendiquent Saint Jean et Saint Paul comme étant des leurs. Ce dernier est celui qui a le plus contribué à la diffusion de la constitution trinitaire de l'homme en « Spiritus, Anima et Corpus ».

Pour retrouver la suite du courant occultiste chrétien, nous sauterons à Tauler (1290-1361) à Eckart (1260-

1328), le fondateur du mysticisme en Allemagne, et à son élève Suso (1300-1365), créateur de la Fraternité des « Amis de Dieu ». Ce sont tous des adversaires de la scholastique, cette création païenne des disciples de l'exotérisme d'Aristote, sous couleur d'Orthodoxie chrétienne. Aussi tous les initiés, soit oralement instruits comme Gerson (1362-1429), le hardi défenseur de la doctrine trinitaire des trois sphères de l'Homme, ou Pétrarque, soit illuminés par la Vision directe, comme Ruysbrœk, dit l'admirable, ont-ils été les adversaires de la scholastique, de même que les lettrés et les réformateurs comme Ange Politien (1454-1494), Rodolphe Agricola (1444-1480) et Luther.

Nous arrivons maintenant aux encyclopédistes et aux réalisateurs de l'occultisme, les seuls qui soient considérés sans discussion, comme des mystiques par les critiques et les historiens. Citons, par ordre approximatif de dates, Reuchlin (1455-1522), Jean Pic de la Mirandole (1463-1494) et son fils François, Cornelius Agrippa, conseiller de Charles Quint et auteur de la « Philosophie occulte » la première encyclopédie réelle de la matière. Agrippa vécut de 1486 à 1535. Ricci, Léon l'Hébreu, et surtout Paracelse (1493-1541) le grand réalisateur et le grand maître de l'occultisme scientifique, le créateur de l'Homœopathie et celui qui a le mieux étudié le Corps astral et le Plan astral auxquels il a donnés leur nom. Cardan (1501-1576), le plus humble et le plus savant des illuminés, Guillaume Postel, le ressuscité, (1510-1581), Michel Servet (1509-1553), Amos Caménius, (1592-1671), Bayer, Mennens, et Valentin Weigel, élève de Tauler et de Paracelse, complètent cette liste qui se continue avec : Jacob Bœhm (1575-1624), l'inspirateur et le guide de presque tous les illuminés, Robert Fludd (1574-1637), encyclopédiste et réalisateur, fondateur, par ordre des

Rose-Croix, de la Franc-Maçonnerie, Pordage (1625-1698), maître, d'abord, puis élève de Jeanne Leade, enfin, Van Helmont le Père (1577-1644), le Paracelse du XVIIe siècle, et son fils, François Van Helmont (1618-1699) qui exerça une si grande influence sur Gœthe et sur Leibnitz qui, de plus, aida à la publication de la « Kabbala Denudata » et Angélius Silézius (1624-1677) et Poiret (1646-1719) nous amènent à Swedenborg (1688-1777). Swedenborg est surtout connu comme philosophe et voyant, mais on ne tient pas compte de son œuvre de réalisation, qui est cependant des plus grandioses. C'est à Swedenborg que se rattachent en effet toutes les fraternités réellement chrétiennes de l'occident, car il fut le maître de Martines de Pasqually (1715-1779) qui, lui-même, initia Claude de Saint-Martin (1743-1803) et fut la tête de cet Ordre Martiniste qui a pris, depuis, une si grande importance. Lavater (1741-1801), qui peut être considéré comme un des précurseurs du Spiritisme, de Maistre (1753-1821), de Bonald (1753-1840), Ballanche (1776-1847) nous conduisent à Wronski et à Éliphas Lévi (l'abbé Constant), auxquels, avec Louis Lucas, se rattachent presque tous les occultistes contemporains.

Mais avant de passer à l'époque actuelle, il nous faut revenir encore en arrière pour rappeler les noms de plusieurs occultistes qui n'ont pu trouver place dans l'énumération précédente, surtout réservée aux philosophes. Nous rappellerons donc l'astrologue d'Ailly, Albert le Grand, évêque de Ratisbonne et maître de saint Thomas, auquel on attribue un Grimoire qui n'a rien de sorcier. Albumazar, astrologue du IXe siècle, Apomazar, célèbre devin arabe. Pierre d'Apone, connu comme magicien (1270), le marquis d'Argens né en 1704 en Provence et auteur des « Lettres cabalistiques », Armide rendue célèbre par le Tasse, Arnaud de Villeneuve, alchimiste et astrologue, Roger Bacon, Basile Valentin, Jean Bodin, Henri Boguet, Balthasar Bekker, qui se sont occupés au point de vue juridique de l'occulte, Borri, alchimiste de la reine Christine, Thomas Bungey, et n'oublions pas Cagliostro, chargé de mission par les illuminés d'Allemagne et considéré comme un charlatan par les profanes. Cagliostro, doué de connaissances magnétiques et nécromanciques assez étendues, jeta les bases pratiques de la révolution, qu'il était venu organiser. Citons ensuite, toujours par ordre alphabétique, Dom Calmet, l'auteur de la Dissertation sur les « Revenants et les Vampires », Thomas Campanella, Catherine de Médicis et Charles d'Angleterre, s'occupant, la première de sorcellerie, le second d'alchimie. Barthélémy Coclès, le plus fameux chiromancien du XVIe siècle, le démonographe Pierre Delancre, le jésuite Delrio, auteur des « Recherches Magiques », la possédée Didyme, le voyant allemand Engelprecht, mort en 1642, le fameux Etteila, de son vrai nom Aliette, le rénovateur de la Cartomancie, l'abbé Faria qui a découvert la suggestion verbale, le voyant du XVIe siècle, Falgenhaver, l'alchimiste Fioraventi, auteur du « Trésor de la vie humaine » (1570), Nicolas Flamel, qui, d'après la tradition orale, serait encore vivant en Asie Mineure, et fut un des adeptes les plus élevés, le grand kabbaliste Jacques Gaffarel, Garinet, l'auteur de l'Histoire de la Magie en France, Gaufridi, un pauvre aliéné qu'on brûla comme sorcier en 1611, l'astrologue Luc Gauric né en 1476 et en qui Catherine de Médicis avait grande confiance, et Urbain Grandier, ce sorcier malgré lui, exécuté sur la déposition de quelques hystériques. Un pape Grégoire VII, figure parmi les écrivains de l'occultisme, le magicien espagnol Grillandus, l'alchimiste Gustenhover et les deux Isaac de Hollande, Jehan de Meung l'auteur du roman de la Rose, que le Dante compléta par le roman de la Croix, et saint Jérôme lui-même, sont considérés comme occultistes dans la liste de Ferdinand Denis. Une mention toute spéciale est due à Athanase Kircher, jésuite, qui eut l'habileté de faire imprimer ses œuvres par le Vatican; sous prétexte d'attaquer l'occultisme, il en fait un exposé encyclopédique très complet. Kircher est connu par l'invention de la lanterne magique ; il mourut à Rome en 1680. Après lui nous citerons l'astrologue populaire Mathieu Laensberg, puis Langlet Dufresnoy, auteur de l'Histoire de la philosophie Hermétique, classique encore aujourd'hui dans les écoles d'occultisme. Le marquis Le Gendre, auteur du « Traité de l'Opinion » le démonographe Pierre le Loyer, le barde Merlin, du cinquième siècle, le chiromancien Moreau que consulta Napoléon, Gabriel Naudé et Nostradamus, le plus célèbre des prophètes contemporains et anciens. Parmi ceux que nous n'avons pas encore cités, se trouvent aussi : Gilles de Retz, un aliéné qui donna naissance à la légende de la Barbe bleue, et qui fut brûlé vif en 1440, Cosme Ruggieri, un autre astrologue de Catherine de Médicis, Raymond Lulle, considéré à juste titre comme un des grands maîtres de l'Hermétisme, le comte de Saint-Germain, nom collectif des illuminés qui confièrent à Cagliostro sa mission, le sorcier Trois Echelles brûlé sous Charles IX, l'abbé de Villars, assassiné pour avoir révélé certains secrets pratiques des Rose-Croix, il fut tué sur la route de Lyon en 1673, et, pour clore cette liste, l'élève d'Agrippa, Jean Wierus, qui publia d'importantes études de démonographie. On voit, par tous ces noms, l'importance acquise par l'occultisme à toute époque et son action sur les esprits les plus élevés. Il y aurait une section spéciale à consacrer à l'influence de la Science occulte sur la littérature.

Quand nous aurons rappelé que Shakespeare fut initié, que Gœthe pratiqua l'hermétisme, que, plus près de nous, Balzac fut Martiniste et que Edgar Poë fut affilié aux groupes Pythagoriciens, nous aurons indiqué les grandes lignes de cette influence.

Revenons maintenant à notre époque et cherchons quelle est la situation de l'occultisme au XIXe siècle. Nous éviterons autant que possible les questions personnelles et nous nous tiendrons aux grandes lignes et aux grandes divisions du mouvement occultiste.

L'OCCULTISME CONTEMPORAIN. — Pour nous rendre compte exactement des origines immédiates de l'occultisme contemporain, nous allons jeter un rapide coup d'œil sur l'état du mouvement en 1850. C'est à cette époque que la redécouverte et la diffusion dans le public des faits d'occultisme pratique qui constituèrent le Magnétisme et le Spiritisme obligèrent les centres d'initiation à commencer une campagne de propagande et à étendre beaucoup leurs cadres, pour éviter les dangers d'un mysticisme sans contrôle. D'autre part, la diffusion dans le peuple du matérialisme et de l'athéisme, obligeait les occultistes à une lutte plus ardente que jamais. A cette époque, le représentant du courant de l'occultisme traditionnel fut l'abbé Constant, plus connu sous son pseudonyme d'Eliphas Lévi. C'est à l'auteur du « Dogme et Rituel de Haute Magie » qu'on doit l'intérêt que beaucoup d'esprits curieux portèrent, dès cet instant, à la Kabbale et à l'occultisme théorique. Wronski, Louis Lucas et d'autres, avaient demandé à l'occultisme des voies d'adaptation, mais Eliphas, seul, se consacra à l'enseignement méthodique et à l'histoire de l'occulte. Le courant pythagoricien était alors représenté par les élèves de Fabre d'Olivet, le Martinisme se continuait dans l'ombre avec Delaage et quelques initiateurs libres, Eugène Nus posait les premières bases du Mouvement spirite qu'Allan Kardec (Rivail) devait bientôt réaliser, le Baron du Potet éveillait les âmes par ses curieuses expériences, et tout annonçait une renaissance active de l'occulte. Vers 1882 paraît la « Mission des Juifs » de Saint-Yves d'Alveydre, en même temps que toute une nouvelle génération d'élèves d'Eliphas : Joséphin Péladan, Albert Jounet, Stanislas de Guaita, poursuivent l'étude de l'occultisme scientifique. René Caillié fonde la Revue des Hautes études, dans laquelle allait se révéler le plus savant des occultistes contemporains : F.-Ch. Barlet. Cette revue était la seconde tentative de diffusion active de l'occulte, la première avait été la « Magie » revue publiée vers 1855 par Alcide Morin. C'est à la même époque que Papus fut délégué à la Réalisation par le Martinisme et qu'il commença le groupement des forces individuelles. Ce groupement fut d'abord commencé dans la revue « Le Lotus », dirigée avec une très grande autorité par F.-K. Gaboriau. Les premières Loges martinistes fonctionnèrent de 1887 à 1889 à Montmartre, sous l'égide de Poirel et comptèrent parmi leurs initiateurs : Guaita, Peladan, Papus et tous les occultistes jusque là isolés. En 1889 est établi Le Groupe indépendant d'études ésotériques, qui devient le centre de recrutement du Martinisme et compte bientôt des formations dans toute l'Europe. En même temps, Papus fonde la revue occultiste l' « Initiation », qui n'a jamais cessé de paraître depuis. De 1889, époque où un congrès international avait groupé les délégués de 30.000 spiritualistes de toute école, à 1898, l'ordre Martiniste constitua son Suprême Conseil de 21 Membres à Paris et s'étendit rapidement en Europe et en Amérique. Il est temps de voir quelle est l'organisation de cet Ordre qui représente le centre le plus puissant de diffusion que l'occultisme possède à l'heure actuelle.

En tête de tous les papiers officiels de l'Ordre, on voit le nom Kabbalistique du Christ, écrit en lettres hébraïques. Le Martinisme se présente ainsi tout d'abord comme une Chevalerie chrétienne constituée en dehors de toute confession et surtout de tout cléricalisme. L'Ordre poursuit la lutte contre le matérialisme et l'athéisme et forme la porte d'entrée de la plupart des sociétés initiatiques contemporaines. Son organisation facilite du reste singulièrement la diffusion active des idées qu'il défend. Aucun membre ne paye de cotisation, dans les loges françaises, non plus que de droit d'entrée, tous les frais étant couverts par les officiers. Le Suprême Conseil est représenté dans chaque pays étranger par des Délégués généraux et des Délégués spéciaux auxquels la plus grande initiative est laissée. A ces Délégués sont rattachées les Loges et les Groupes répandus dans chaque pays. Aux États-Unis, les Loges sont assez nombreuses pour avoir formé un Conseil général sous la direction du Dr Blitz, Souverain délégué général. Mais ce qui donne au Martinisme une puissance très grande de diffusion, c'est son système d'initiateurs libres, n'étant rattachés à aucun centre et ayant le pouvoir de conférer directement l'initiation. Ce système des initiateurs fonctionnant d'après la loi de la génération des cellules, a été créé au XVIIIe siècle par le Martinisme et a été suivi aussi par l'Illuminisme. Voici, du reste, l'état de cet Ordre d'après le rapport officiel de Mars 1898.

Le nombre des formations martinistes est : en France de 27, Belgique 3, Allemagne 3, Danemark 1, Espagne 3, Italie 8, Bohême 1, Suède 9, Hollande 12, Suisse 2,

Roumanie 1, Russie 2, Angleterre 2. En dehors d'Europe : Tonkin 2, Egypte 1, Tunisie 1, Etats-Unis d'Amérique 19. La Havane 1, Colombie 1, République Argentine 7, total 113.

Outre l'Ordre Martiniste, nous citerons encore, parmi les sociétés occultistes importantes, l'Ordre kabbalistique de la Rose-Croix, dont les membres se recrutent exclusivement à l'examen et qui forme des Bacheliers, Licenciés et Docteurs en Kabbale, ces derniers devant présenter une thèse originale. A cette organisation correspond aussi la Faculté des Sciences Hermétiques, établie en 1897 par l'ordre Martiniste au 4, rue de Savoie, à Paris, et qui délivre des cours et des diplômes, exclusivement à l'examen. Une cinquantaine d'élèves suivent les cours. La Faculté des occultistes compte parmi ses professeurs : Paul Sédir, le secrétaire de presque toutes les formations occultistes et le bras droit de Papus, Sédir est docteur en kabbale et Fr. Illuminé de la Rose-Croix, Serge Basset, un agrégé de l'Université, Sisera, Rosabis, un ingénieur sortant de l'Ecole centrale, le Dr Rozier, Jollivet-Castelot, délégué à la direction des études alchimiques. Presque tous les occultistes adoptent des pseudonymes, suivant en cela la règle des illuminés. La plupart de ces pseudonymes sont tirés du Nuctimeron d'Apollonius de Thyane. Le conseil de perfectionnement de cette Faculté comprend : Ch. Barlet, Papus, le Dr Marc Haven, Emile Michelet, Serge Basset, Sédir. L'Administrateur est Lucien Mauchel, licencié en droit.

La Société alchimique de France, dont Jollivet-Castelot est secrétaire général, poursuit surtout les études d'alchimie. Elle possède un organe : L' « Hyperchimie ».

Depuis un an environ, tous les chefs des principales sociétés occultistes d'Europe et d'Amérique ont formé, sous le nom « d'Union Idéaliste Universelle » une sorte de Fédération qui groupe les représentants de plus de 35.000 membres et qui compte des journaux et des revues dans presque toutes les langues. Nous citerons surtout : A Paris, l'« Initiation », mensuelle, et le « Voile d'Isis », hebdomadaire, en France : « l'Hyperchimie », mensuelle à Douai, « Matines », mensuelle à Paris. En Norvège : « Frie Ord » et « Nordisk Frimurer Titenda », en Hongrie : « Sbornik pro filosofia okkultismus » et « Die Religion des Geistes ». En Italie : « Nuova Lux » à Rome, « Il Mondo Secreto » et « Supersienzia ». En langue anglaise : le « Light » à Londres, « Notes and Queries » à Manchester (Etats-Unis) « The Morning Star » à Louisville (Georgia), enfin dans la République Argentine : « Luz Astral » à Buenos-Ayres et toujours en langue espagnole, « La Nota Medica » à Madrid. En langue arabe : « El Hadirah » à Tunis. Pour ne pas faire double emploi, nous avons fait rentrer dans cette liste tous les périodiques occultistes rattachés à une école ou fraternité initiatique de quelque importance, car, depuis le succès de ces idées, beaucoup de directeurs de petites feuilles sans lecteurs se sont intitulés occultistes pour avoir quelques lecteurs, et nous pourrions allonger cette liste de quelques périodiques ne se rattachant que par leur couverture à l'occultisme.

Toutes ces sociétés et toutes ces œuvres diverses entreprises par les occultistes, nécessitent toute une littérature spéciale et, par suite, un centre de publication particulier. Un des fondateurs, avec Julien Lejay, du Groupe Esotérique, un licencié en droit : Lucien Chamuel, a bravement établi la Maison d'édition qui devait former la base de toute propagande sérieuse, et c'est à sa librairie que l'occultisme contemporain est redevable d'une grande partie de ses succès.

Nous ne parlerons pas non plus, autrement que

pour la citer, de la Société théosophique, rattachée surtout à la tradition orientale, et qui ne touche que de fort loin à l'occultisme traditionnel de l'Occident, qui, seul, a fait le sujet de notre article.

A côté de ces centres où l'occultisme est l'objet d'études suivies et qui font des élèves consacrés par l'examen, il existe des moyens indirects de propagande qui favorisent les recrutements des écoles et des sociétés initiatiques. En première ligne, il faut placer les recherches expérimentales poursuivies par quelques expérimentateurs indépendants et qui viennent confirmer les théories occultistes. Déjà, en 1889 et 1890, le Groupe ésotérique avait confié la direction d'études de ce genre à un ancien élève de l'École polytechnique, M. Louis Lemerle, qui obtint de très intéressants résultats. Mais, depuis cette époque, les recherches de M. de Rochas sont venues donner un essor considérable au mouvement, en montrant que l'expérience confirme sur presque tous les points la tradition occulte. Enfin, quelques conférenciers mondains, ont répandu, dans les salons, le goût de ces études, et, comme ils sont tenus en dehors de tous les centres exigeant des examens et qu'ils ne connaissent, disent les occultistes, ces questions que très imparfaitement, ils sont de précieux, bien qu'involontaires, agents de propagande pour les centres réguliers.

CONCLUSION — Voilà l'occultisme, tel que nous avons pu l'exposer en un cadre assez large pour en faire saisir les lignes générales, mais trop étroit pour entrer dans tous les détails qui sont analysés en plusieurs centaines de volumes. Nous n'avons pas à juger cette doctrine philosophique et nous ne pouvons que faire remarquer son immuabilité à travers les siècles.

BIBLIOGRAPHIE. — Un sujet aussi vaste que l'Occultisme demande une bibliographie très étendue, d'autant plus qu'il existe des volumes entiers rien que pour la bibliographie d'applications occultes, comme l'Alchimie ou la Kabbale. Aussi bornerons-nous notre ambition à la qualité et donnerons-nous surtout des renseignements sûrs et pratiques. A cet effet, nous allons débuter par une bibliographie méthodique, permettant d'étendre ou de vérifier les différentes questions traitées dans notre article, dans l'ordre même où nous les avons énumérées.

PHILOSOPHIE

Eliphas Levi. Dogme et Rituel de la Haute Magie, La clef des Grands Mystères. Paris, 1862, in-8.
Fabre d'Olivet. Histoire Philosophique du Genre Humain (introduction, pour la Psychologie. Paris, 1822.)
    Pour l'étude de l'analogie **Michel de Figanières**, La Vie Universelle et œuvres passim.
    Métaphysique des sciences : **Malfatti de Montereggio** La Mathèse. Paris, 1850.

HISTOIRE DES RACES HUMAINES

Fabre d'Olivet. Vers dorés de Pythagore (1813). — De l'état social de l'homme (1822). — La Langue hébraïque restituée (1815).
Dutens. Découvertes des anciens attribuées aux modernes (1812).
Moreau de Dammartin. Traité sur l'origine des caractères alphabétiques (1839).
Court de Gebelin. Le Monde primitif.
Saint-Yves d'Alveydre. Mission des Juifs (1884). — Mission des Souverains. — Mission des Français.
Arnold. Histoire de l'Eglise et de ses Hérésies.
Auclerc. La Thréicie (an VII).
X... Recherches sur les fonctions providentielles des dates et des noms (1852).

SOCIÉTÉS SECRÈTES

Chaboseau. Essai sur la Philosophie Bouddhique.
D' Girgois. L'Occulte chez les aborigènes de l'Amérique du Sud.
Schuré. Les Grands Initiés.
Papus. Traité élémentaire de Science Occulte (5° édition, 1898).
Baron de Tshoudy. L'Etoile flamboyante (1766). Le Tuileur des 33 degrés de l'Ecossisme (1813).
Ragon. Tuileur général (1861). — Maçonnerie occulte (1853). —Rituels des divers grades.
Marconis. Le Sanctuaire de Memphis (1849). — Le Rameau d'Or d'Eleusis (1861). — Le Mentor des Initiés (1864). — L'Hiérophante (1840).
Juge. Hiérologues sur la Franc-Maçonnerie et l'ordre du Temple.
Kauffman et Cherpin. Histoire philosophique de la Franc-Maçonnerie (1846).
M. Deschamps. La Franc-Maçonnerie (1875). — Les Sociétés secrètes (1885).
Auber (abbé). Histoire et théorie du symbolisme religieux 4 vol in-8 (1884).
Neut (Armand). La Franc-Maçonnerie.
Lenoir (Alexandre). La Franche-Maçonnerie rendue à sa véritable origine (1814).
Eckert traduit par Cyr. La Franc-Maçonnerie en elle-même et dans ses rapports avec les autres sociétés secrètes de l'Europe (Liège, 1859).
Comte Le Coulteux de Canteleu. Les Sectes et les Sociétés secrètes (1863).
Guilleman de Saint-Victor. Histoire critique des mystères de l'Antiquité (Hispahan, 1788).
Clavel. Histoire pittoresque de la Franc-Maçonnerie (1844).
Louis Lucas. Acoustique nouvelle (1849). — Chimie nouvelle (1854). — Médecine nouvelle (1863).
Papus. Le Diable et l'Occultisme. Broch. Paris (1895).
Martinès de Pasqually. 1 vol in-8.
De Bock. Histoire du Tribunal Secret. Metz (1801).

APPLICATION DES SCIENCES OCCULTES

Boulage. Des Mystères d'Isis. Paris, (1820).
Hœné Wronski. Le Messianisme ou réforme du Savoir humain.
Michon (abbé). Système de Graphologie. — Méthode pratique de graphologie.
Paracelse. Liber Paramirum (Basileæ 1570). — les 40 livres des Paragraphes (traduct. **Savilly**) (1631).
Kircher. Arithmologia sive de occultis numerorum mysteriis (Rome 1665).

ENCYCLOPÉDIES D'OCCULTISME

Agrippa. Philosophie occulte (La Haye, 1727).
Kircher. Œdipus Ægyptiacus. Rome 1623 in-fol.
Papus. Traité Méthodique de Science Occulte, in-8 de 1200 p. Paris, 1890.
Stanislas de Guaita. Le Serpent de la Genèse, 3 vol. in-8
Eliphas Levi. Paris, 1890 à 1897. Œuvres, Paris 1853 et Œuvres Posthumes. Paris, 1896 à 98.

OCCULTE EN GÉNÉRAL

De Foix de Candole. Pymandre d'Hermès (Bordeaux, 1759).
Delaage. La Science du Vrai (1884).
Agrippa. Philosophie occulte (La Haye, 1778).
J. Cardan. De la Subtilité.
Lacour. Les Eloïm.
Gaffarel. Curiosités inouïes (1629).
J.-B. Robinet. Considérations philosophiques sur la gradation naturelle (1768).
Hœné Wronski. Œuvres.
Landur. Œuvres.
Claude de Saint-Martin. Tableau Naturel (1783, Edimbourg. — Le Crocodile. — Des nombres 1861). — Esprit des choses.
De Saint-Martin. L'aurore naissante de Jacob Bœhm. — Des trois principes de Jacob Bœhm.
Ballanche. Essai de Palingénésie sociale.
Lacuria. Harmonies de l'Être (1847).

De Tourreil. Religion fusionienne (1879).
Lazare Augé. Notice sur Hoené Wronski (1865).
Lepelletier (de la Sarthe). Traité complet de physiognomonie (1864).
Ménard (Louis). Hermès Trismégiste (1867).

MAGIE

Eliphas Levi. Dogme et Rituel de haute magie. — Histoire de la Magie. — Clef des grands mystères.
Gougenot des Mousseaux. Magie au XIX⁺ siècle (1861).
Maury. Magie astrologique dans l'antiquité et au moyen âge.
D' Sallah Ben Abdalah. Le Magisme (1857).
Schott. Magie universelle, naturelle et artificielle.
Porta. Magie naturelle (1587).
Delrio. Dissertations magiques.
Enrichidion du Pape Léon.
Castillo. Historia y magia natural (Madrid, 1692).
Collin de Plancy. Dictionnaire infernal (1853).
Papus. Traité élémentaire de Magie Pratique, Paris 1892, in-8.

LA KABBALE

Lenain. La Science cabalistique (Amiens 1823).
Kabbala denudata (1864, Francfort).
Sepher Jesirah (1) (1562, Mantoue).
Artis cabalisticæ scriptores ex biblioth. Pistorii (1587).
Papus. La Kabbale, 1 vol. in-8°, Paris.
Kircher. Œdipus Egyptiacus (Rome, 1663).
R. P. Esprit Sabbathier. L'Ombre idéale de la Sagesse universelle (1619).
Gaffarel. Abdita divinæ cabalæ mysteria (1625).
Welling. Opus mago-cabbalisticum veterum Sophorum Sigilla et imagines magicæ (1752, Harenstadt).
Pic de la Mirandole. Conclusiones cabalisticæ.
Reuchlin. De Verbo mirifico.—De arte cabalistica Salomonis claviculæ et theosophia pneumatica (1686, Francfort).
Abendana. Cuzari (Amsterdam. 1423).
Léon L'Hébreu. Dialogues d'amour (traduit plusieurs fois en français).
Franck. La Kabbale (1863).
Molitor. Œuvres.

(1) Traduit en français dans le n° 7 du *Lotus*, par Papus.

ALCHIMIE

Hœffer. Histoire de la Chimie (1866).
Cambriel. Cours de Philosophie hermétique ou d'alchimie en 19 leçons (1843).
Cyliani. Hermès dévoilé (1832).
Salmon. Bibliothèque des Philosophies chimiques (1753).
Lenglet du Fresnoy. HOMERI de la Philosophie hermétique.
Aurea Catena. Homeri. — Trois anciens traités de Philosophie naturelle. Les 7 chapitres dorés par Hermès (1626).
Jean de Mehun. Le Miroir d'Alchimie (1712).
Khunrath. Amphitheatrum sapientiæ æternæ.
P. Lelorrain. La Physique occulte (1693).
Basile Valentin. Les Douze clefs (1660).
    L'escalier des Sages (1689).
    Abrégé de la doctrine de Paracelse (1724).
    Le Grand Olympe.
Lepelletier de Rouen. L'Alkaest (1704).
    Archives mytho-hermétiques (1780).
    Clef du Grand Œuvre (1776).
Gaston Ledoux. Dictionnaire hermétique (1695).
Figuier. L'Alchimie et les alchimistes (1854).
Albert Poisson. Théories et Symboles des Alchimistes Paris 1890.

ASTROLOGIE

Jean Belot. Œuvres (Liège, 1704).
O. Ferrier. Jugements astrologiques sur les nativités (Lyon, 1582).
Christian. L'Homme rouge des Tuileries (1863). — Histoire de la Magie (1870).
Ant. de Villon. L'Usage des éphémérides (1624).
    Speculum astrologiæ a Francisco Junctino (Lyon, 1581).
Julius Firminus Maternus. Traité des Mathématiques célestes (Basileæ, 1551).
Morinus. Astrologia gallica (1661).

BRANCHES DIVERSES DE LA SCIENCE OCCULTE

PHYSIOGNOMONIE

Cardan. La Métoposcopie (1658).
J.-B. de Porta. De humana Physiognomonia (Francfort, 1866).
Delestre. Physiognomonie chez l'homme (1887).
Sucka. Physionomie chez l'homme (1877).

ONIROCRITIE
(Jugement des songes).

Synesius. Traités sur les Songes, commenté par Cardan.
J. Thibault. La Physionomie des Songes (Lyon 1579).
A. Julian. De l'Art et Jugement des Songes (Lyon 1579).
Gabdorrhamann. Doctrine des songes selon les Arabes (1864).
Hervey de Saint-Denis. Les Rêves et les moyens de les diriger (1867).

CHIROMANCIE

La Chiromancie de Patrice Tricasse des Cerisais (Trad. de l'Italien, Paris, 1583, in-8).
La Science curieuse ou Traité de Chiromancie de Peruchio (1663).
Jean Belot. Œuvres (Liège, 1704).
Desbarolles. Mystères de la Main (5ᵉ édition).

ÉCRITURES OCCULTES

Trithème. Polygraphie.
Trithème. Sténographie.
Kircher. Polygraphia.
Postel. Linguarum duodecim characteribus differentium alphabetum (1538).
François Van Helmont. Alphab. natur. hebraïci delinea (Amsterdam, 1648).
Murner. Logica memorativa (Strasbourg, Bruxelles, 1509)

DIVERS

Abbé de Villars. Le comte de Gabalis (Amsterdam, 1715 — Paris, Revue le Lotus, 1887).
Becker. Le Monde enchanté (1694). — Le Palais des curieux (1649).
Bodin. Démonomanie.
Vincent (de l'Yonne). Traité de l'Idolâtrie chez les Anciens et les Modernes (1850).

Etteila. Collections sur les hautes sciences (4 vol. 1785).
Guillaume de la Teyssonnière. La Géomancie (Lyon, 1575).
Swedenborg, La Clef des Arcanes (1845). — Traité des représentations et des Correspondances.

OCCULTISME CONTEMPORAIN

Eliphas Levi. Le Grand Arcane Le Livre des Splendeurs, Clefs Majeures et clavicules de Salomon. (Œuvres posthumes, Paris 1896-98).
F.-Ch. Barlet, Essai sur l'évolution de l'idée L'Instruction Intégrale. Principes de Sociologie synthétique.
Barlet et Lejay. Synthèse de l'Esthétique. L'Art de Demain.
P. Sédir. Les tempéraments et la Culture Psychique. Les Miroires Magiques. Les Incantations.
J. Péladan. Œuvres.
De Rochas. Les Etats profonds de l'Hypnose. Les Etats superficiels de l'Hypnose. L'Extériorisation de la Sensibilité. L'Extériorisation de la Motricité. (Vol. in-8° 1894-8).
D' Marc Haven. Arnaud de Villeneuve.
Jolivet-Castelot. Comment on devient Alchimiste.
Lermina. Magie Pratique. A Brûler.
Stanislas de Guaita. La clef de la Magie Noire.

www.ingramcontent.com/pod-product-compliance
Lightning Source LLC
LaVergne TN
LVHW050609090426
835512LV00008B/1413